K.L.A.R.

# Scheiße, der will Amok laufen!

Volker W. Degener

# Impressum

**Titel**
**K**urz – **L**eicht – **A**ktuell – **R**eal
Scheiße, der will Amok laufen!

**Autor**
Volker W. Degener

**Titelbildmotiv**
© Ljupco Smokovski/fotolia.com

**Verlag an der Ruhr**
Mülheim an der Ruhr
www.verlagruhr.de

**Ab 12 Jahre**


**ISBN 978-3-8346-0727-0**

**Printed in Germany**

**Begleitendes Unterrichtsmaterial:**

*K.L.A.R. – Literatur-Kartei:*
**„Scheiße, der will Amok laufen!“**
Petra Bartoli y Eckert
Kl. 7–10, 64 S., A4, Papph.
ISBN 978-3-8346-0728-7
**Best.-Nr. 60728**

Vielleicht stimmst du mir ja zu. Ich meine nämlich, dass ein Buch dann gut ist, wenn es spannend und angenehm zu lesen ist. Sehr gut ist ein Buch dann, wenn man dadurch angeregt wird, über den Inhalt nachzudenken. Wenn man darüber sprechen möchte. In der Schule zum Beispiel. Oder auch zu Hause.

Darum bemühe ich mich beim Schreiben.

Ich wohne in Herne. Schon seit einigen Jahren. Und ich lebe gerne hier. Denn die Menschen im Ruhrgebiet sind offen und direkt. Da komme ich, wenn ich etwas über sie wissen will, mit meinen Fragen oft schnell zum Ziel.

Mich interessieren Dinge, die ganz viel mit dem echten Leben zu tun haben. Da geht es auch mal um Gewalt. Und um Angst, um Frust. Wie bei dem Lorenz Nachtigall. Bei meinen Gesprächen mit jungen Leuten erfahre ich, was sie sich erträumen, was sie bedrückt, was ihnen aber auch Spaß macht. Darüber schreibe ich dann. Das heißt, ich lasse mir zu den Themen eine passende

Geschichte einfallen. Manchmal wird aus der Geschichte dann ein ganzes Buch.

Und wie gesagt: Es muss spannend und gut lesbar sein.

Ich freue mich, wenn mir Jugendliche etwas zu meinen Geschichten und zu meinen Büchern schreiben. Das passiert durchaus nicht selten. Wenn du Lust dazu hast, dann melde dich bei mir oder dem Verlag. Die Briefe und Mails werden alle von mir beantwortet. Versprochen!

Mit dem Buch, das du jetzt in deinen Händen hältst, wünsche ich dir eine spannende Lesezeit.

Volker W. Degener
www.volkerwdegener.de

# 1

Oh, Mann! Fast hätte er sich verschluckt. Sein Handy meldet sich und Nick greift hastig in seine Hosentasche.
Eine SMS von Jana. MUSS AUSLIEFERN. KOMMSTE MIT?
Nick trinkt das Glas Wasser leer. Nach dem Unterricht meint er jedes Mal, zu verdursten. Während er sich dann langsam dem Küchenfenster nähert, tippt er eine Antwort und grinst dabei. PER PEDES?
Die Rückfrage: WAS HEISST DAS?
Nick antwortet: ZU FUSS ODER FLUGZEUG.
DANN UM FÜNF BEI MIR! MIT RAD.
Klar, das kann Nick einrichten, und deshalb steht er fast pünktlich vor dem Zoogeschäft. Ganz genau heißt es „Tier-Paradies“ und gehört Janas Eltern.
Zum Glück muss er nicht lange warten.
Jana benutzt den Seitenausgang. Ihr Fahrradkorb ist voll beladen. Dosen mit Katzenfutter vom Feinsten. Auf dem Gepäckträger liegt ein großer Sack mit Katzenstreu.
„Unser Spezialservice“, erklärt Jana, nachdem ihr Nick einen schnellen Kuss

gegeben hat. „Die Kundin wohnt außerhalb und ist nicht mehr gut drauf. Aber jedes Mal gibt's ein schönes Trinkgeld. Nur, die Fahrt dahin ist ziemlich langweilig."
Nick lächelt süßsauer.
„Verstehe. Dann bin ich also dein Entertainer. Und wo genau geht's hin?"
„Richtung Kanal, kurz vorher rechts ab."
Und schon ist Jana auf der Straße. Nick bleibt hinter ihr und bewundert verstohlen ihren sportlichen Körper, ihre dunkelblonden Haare, einfach alles an ihr.

Für Nick ist die Fahrt zu der Katzenoma nicht eine Sekunde langweilig.
Als sie vor dem weiß gestrichenen Einfamilienhaus ankommen, werden sie schon erwartet. Eine etwas dickliche Frau mit blau schimmerndem Silberhaar steht in der Haustür. Die Kundin stützt sich an einer Mauerseite des Eingangs ab.
„Hallo Frau Vollrath!"
„Oh, heute mit Begleitung."
Nick kann nicht erkennen, ob das ein Vorwurf sein könnte oder Anerkennung bedeutet.

Jana bleibt ganz locker. Sie lässt ihr Fahrrad ausrollen und lehnt es gegen den Mülltonnenkasten.
„Mein Freund Nick – Nikolaus Thon."
„Ein schöner Name. Seid ihr Schulfreunde? Gleiche Schule, gleiche Klasse? Passt doch!"
Nick murmelt einen Gruß und lächelt die Hausbesitzerin an. Gut, dass Jana jetzt alles regelt.
„Eigentlich nicht. Nick geht zur Gesamtschule, 9. Klasse, und ich in eine Realschule, 8. Klasse. Die liegen sogar ziemlich weit auseinander, die beiden Schulen."
„Dann wird's aber schwierig mit dem Verabreden. Oder?"
„Nö, überhaupt nicht."
Bevor sie die Sachen ins Haus tragen können, bewegt sich Frau Vollrath langsam zur Seite. Jetzt erkennt Nick, dass sie sich auf einen weißen Stock stützt.

Die Küche, in der sie die Dosen abstellen, ist ungewöhnlich groß, mit einer Kochfläche in der Mitte des weiß gekachelten Raums. Frau Vollrath bemerkt Nicks erstaunte Miene.

„Ja, früher lebten hier fünf Leute“ erklärt sie. „Aber jetzt – jetzt hab ich nur noch mich und Mink und Monk.“
Und schon schleichen zwei hellbraune Siamkatzen in die Küche. Sie streichen an den Schränken entlang und beschnuppern die jungen Gäste.
Jana ist ihnen wohlvertraut. Nick dagegen beäugen sie erst einmal aus der Entfernung.
„Lieferung wie immer, Frau Vollrath.“
Jana legt eine Quittung auf den Küchentisch und bekommt ein wortreiches Dankeschön und zwei Scheine in die Hand gedrückt.
Sie bedankt sich mit einem Lächeln, das Nick so sehr mag.
„Wollt ihr nicht noch etwas bleiben? Wir könnten es uns auf der Terrasse bequem machen.“
Mit einem kurzen Blick haben sich Jana und Nick verständigt.
„Ich habe noch ein paar Aufträge“, erklärt Jana schnell. „Wir müssen leider sofort zurück.“
Nick ist froh, sich nach wenigen Minuten wieder aufs Rad schwingen zu können.
Das geht nicht sofort, weil es sich Mink und

Monk in Janas Fahrradkorb bequem gemacht haben.
„Ihr habt's doch so gut hier. Warum wollt ihr denn weg?"
Ganz vorsichtig setzt Jana die federleichten Tiere auf die Erde. Beleidigt miauend schleichen sie hinters Haus.

„Reichlich neugierig, die Tante", stellt Nick unterwegs fest.
„Nette Frau und gute Kundin", korrigiert ihn Jana. „Aber irgendwie total einsam."
An einer Stelle, die sich Nick schon auf dem Hinweg gemerkt hat, steigt er in die Bremsen. Links und rechts stehen hoch gewachsene Büsche. Der Weg ist hier ziemlich schmal. Jana bremst sofort, direkt neben Nick.
„Altsein ist echt blöd", meint er.
„Du meinst, gut, dass wir weder einsam noch alt sind."
„He, das hört sich an wie – wie – ach komm!"
Er legt einen Arm um Jana und zieht sie an sich. Die beiden Fahrräder verlieren ihren Halt und fallen scheppernd zu Boden.

# 2

„Ganz schön clever, der alte Kolumbus“, stellt Jana bewundernd fest, als sie die Daten auf dem Monitor ihres PC betrachtet. Nick ist gern bereit, ihre Hochachtung zu bestätigen. Mehr aber auch nicht.
„Endlich fertig? Alle Fakten gecheckt? Genug Infos gefunden?“, fragt er dann etwas ungeduldig. Er möchte noch etwas anderes unternehmen. Sich jedenfalls nicht weiter mit Schiffen, Indianern und der Frage beschäftigen, ob die Entdeckung Amerikas nun ein Meisterstück der Seemannskunst oder reiner Zufall war.
„Viel mehr als ich für mein Referat gebrauchen kann“, erklärt Jana.
Sie lehnt sich auf ihrem Schreibtischstuhl zurück. Zur Entspannung streckt sie die Arme aus. Für Nick ist das ein Signal, von seinem Stuhl aufzuspringen.
„Das war's dann also?“
„Warte mal“, sagt Jana und klickt sich aus der wikipedia. „Patricia hat eine neue Homepage. Die will ich mir noch schnell ansehen.“
„Oh nein, Patricia, diese Schlaftablette!“

Nick plumpst enttäuscht auf seinen Stuhl zurück. Patricia erscheint auf dem Bildschirm mit vier Fotos und überraschend flotten Sprüchen. Mit besonderem Stolz gibt sie weltweit bekannt, dass sie kürzlich den 3. Platz bei einem Musikwettbewerb errungen hat. Und außerdem bereitet sie sich schon auf den nächsten Auftritt vor. Am liebsten aber würde sie eine gefeierte Sängerin werden.
„Sowas ist immer irgendwie peinlich“, stellt Jana fest.
Nick legt eine Hand auf Janas, die die Maus führt.

„Du, da fällt mir ein, dass Florence Nightingale einen extremen Webauftritt haben soll. Einfach tierisch. Hab ich von Oliver gehört, und der hat es von einem Sportkameraden gesteckt bekommen.“
„Florence Nightingale? Lorenz heißt der Typ doch in Wirklichkeit, oder?“
„Ja klar. Lorenz Nachtigall. Aber wir nennen ihn eben anders. Er regt sich immer darüber auf. Ehrlich gesagt, der sieht auch ein bisschen doof aus. Ein Gesicht wie ein Vogel.“

„Dafür kann er doch nichts, für seinen Namen und sein Aussehen“, wirft Jana ein. „Trotzdem macht ihr ihn zum Volltrottel.“
„Okay“, meint Nick. „Aber das ist doch ganz harmlos. Seine Mutter ist Krankenschwester, daher der Spitzname.“
„Versteh ich nicht.“
„In England gab es mal eine berühmte Krankenschwester mit dem Namen. Musste ich mir auch erst erklären lassen. Wenn's schnell gehen muss, nennen wir ihn auch einfach Floh. Komm, lass uns mal eben den armen Lorenz ansehen.“
Von Nicks Vorschlag zeigt sich Jana wenig begeistert. Jetzt ist sie es, die lieber etwas anderes unternehmen würde.
Zu allem Überfluss meldet sich auch noch Janas Mutter. Nachdem sie angeklopft hat, schiebt sie ihren Kopf durch den Türspalt.
„Wolltet ihr nicht noch in die Stadt?
Sagt Bescheid, ihr könnt mir dann noch etwas mitbringen.“ Mit geübtem Rundblick hat sie erkannt, dass alles in Ordnung ist.
„Wollt ihr was trinken? Cola, Mineralwasser?“
Jana verdreht die Augen, und ihre Mutter zieht sich wieder zurück.

„Das war jetzt eine typische Zellenkontrolle“, behauptet Nick und grinst. „Also los, erst den Lorenz und dann geht’s ab in die Stadt.“

„Sein Auftritt ist bestimmt auch nur so ein – so ein müder Egotrip. Mehr nicht“, vermutet Jana.

„Performance nennt man das in besseren Kreisen“, verkündet Nick. „Nur mal schnell reinschauen. Ich mach mich mal kurz auf die Suche.“

Tatsächlich aber dauert es eine kleine Ewigkeit, bis die erste Seite erscheint, aus der Lorenz Nachtigall mit zusammengekniffenen Augen und einem eingefrorenen Lächeln herausschaut. Nick klickt hin und her und ist auf einmal ziemlich erstaunt.

„Du, schau mal.“

Erst ist der Monitor völlig schwarz. Aus der rechten Ecke kommt dann ein scharfer Lichtstrahl. Darin erscheint eine schwarze Figur, die größer und größer wird und in die Mitte der schwarzen Wand tritt.

„Das ist er, Florence. Sieht geil aus. Florence Nachtigeil!“

„Ich weiß nicht, was das soll“, wirft Jana ein.

„Angeber! Der fühlt sich wohl wie Wolverine

oder sonst so ein Superheld. Blöde, so was.“
Dann öffnet sich ein quadratisches Fenster. Das Gesicht von Lorenz erscheint.
„Wollt ihr was erleben?“, fragt er. „Okay, könnt ihr haben. Jede Menge. Mehr als genug. Aber ab heute bestimme ich! Auch über euch. Und niemand hält mich auf! Ihr werdet immer an mich denken. Für mich ist es ein kleiner Schritt, für die Menschheit ein großer.“
„Dämliches Gelaber!“, stellt Nick fest.
„Den Satz mit der Menschheit hab ich doch schon mal gehört. Der ist geklaut“, vermutet Jana.
Der Kopf von Lorenz kommt immer näher. Jana und Nick mögen ihn jetzt nicht einfach wegklicken. Plötzlich erscheint eine Hand mit einer Armbrust. Eine zweite Hand spannt das Gerät, das auf den Zuschauer zielt. Aus dem Off kommt eine harte Stimme: „Ihr, ja ihr, ihr habt es echt verdient! Ich mache euch fertig! Ich freue mich schon auf den Tag. Ihr müsst euch eurem Schicksal stellen. Jeder von euch. Oliver und Markus und Geli und Lena. Und auch du, Werner! Oder meinst du vielleicht, du bist als Lehrer was Besseres?

Ein Scheißhaufen bist du! Und du bist als Erster dran!“

„Ich krieg die Pocken! Nick, es ist genug!“, empört sich Jana. „Schalt ab, der ist ja echt krank, der Kotzbrocken!“
„Ich glaube, der ist mit seinem Quatsch noch lange nicht am Ende“, stellt Nick betont gelassen fest, um Jana zu beruhigen. „Eigentlich ist Lorenz eher unauffällig in der Schule und so. Absolut harmlos. So ein grauer Niemand, den keiner beachtet. Und jetzt sind auch noch seine Noten total im Keller.“
„Meine Brüder im Geiste“, meldet sich eine Stimme wieder aus dem Computer. Sie klingt nach Lorenz, ist aber irgendwie verfremdet. Es erscheinen Gesichter auf dem Bildschirm. Zeitungsfotos, die eine starke Ähnlichkeit mit Fahndungsfotos haben.
„Kennst du die Typen?“, fragt Jana und starrt unentwegt auf den Monitor.
„Nö, die sind nicht in unserer Schule.“
Dann ist der Bildschirm wieder schwarz.
Und eine Stimme sagt: „Der Tag wird kommen, an dem ihr alle dran glauben werdet!“

„Könnte der überhaupt jemanden verletzen?“, murmelt Nick. „Dieser Schwächling. Dazu braucht man doch richtige Eier.“
„Geh noch mal zurück auf die Fotos“, bittet Jana. Nick holt die Fotos zurück auf den Schirm.
„Du, die Typen kenne ich vom Fernsehen her“, stellt Jana fest. „Neulich haben meine Eltern eine Sendung über Gewalt an Schulen gesehen. Das sind Schüler, die schon mal Amok gelaufen sind. Irgendwo. Die leben nicht mehr, und ein paar Mitschüler auch nicht. Verdammte Scheiße!“

Jana und Nick lassen die Bilder stehen.
Die beiden sehen sich betroffen an. Ziemlich lange. Jeder will in dem Gesicht des anderen so etwas wie Hilfe finden.
„Mist, jetzt hängen wir mit drin in der Sache“, flüstert Nick mit flatternder Stimme.
„Wieso denn? Mit dem Dreck haben wir doch nichts am Hut!“
„Doch, wir wissen jetzt davon.“
„Dann schalte das Ding aus, und alles ist vorbei. Schluss, aus!“

Das sagt Jana lauter als eigentlich beabsichtigt. Dann fährt sie kurz entschlossen den Rechner herunter.
„Wir müssen damit zur Polizei“, stellt Nick fest.
„Polizei, bist du wahnsinnig? Das ist doch alles Quatsch, was da bei dem Lorenz abgeht. Diese Null will sich wichtigmachen. Manche Typen brauchen das als Superkick.“
„Trotzdem, wir müssen was unternehmen. Der Spinner nennt sogar Namen. Der Werner, das ist unser Mathepauker. Werner Droste.“
„Aber keine Polizei. Stell dir vor, das war nur ein Spaß und du hast deswegen einen Riesenpolizeieinsatz an deiner Schule ausgelöst. Den müsstest du wahrscheinlich dann sogar bezahlen.“
Nick sieht sie durchdringend an.
Was bedeutet, dass er sich das alles wirklich nicht vorstellen kann.
„Wenn überhaupt, dann sagst du in deiner Schule Bescheid“, schlägt Jana schließlich vor. „Das war’s dann aber. Okay? Ist mir zu unheimlich, diese Sache. Außerdem muss ich mich auf mein Referat konzentrieren. Oder soll ich mal mit meinem Vater darüber reden?“

„Bloß nicht! Nein, ich rede mal mit Oliver. Der kennt den Lorenz besser. Beide waren zusammen auf einer Grundschule."
„Da war der auch schon so irre?"
„Ich glaub schon. Der war immer für sich allein. Ein richtiger Streber, mit dem keiner etwas zu tun haben wollte. Oliver hat mal erzählt, dass sie ihn mit Tennisbällen beworfen haben. Abgeschossen, gesteinigt, das hat damals einer von den Jungs in der 4. Klasse gesagt. In dem Moment ist Lorenz tierisch ausgeflippt. Hat einem Schüler sogar in die Hand gebissen."
„Fest steht, der Kerl hat einen an der Murmel. Aber ich denke, er wird nicht schon morgen losschlagen. Hat der überhaupt eine Waffe? Die Armbrust ist doch ein Spielzeug, oder?"
„Sah ganz so aus. Deshalb sollten wir nichts übereilen. Wir müssen gründlich überlegen", empfiehlt Nick, ohne zu wissen, was er damit eigentlich meint.
Beide wollen erst einmal weg. Weg von dem PC, weg von den schrecklichen Bildern und der kalten Stimme. Hals über Kopf verlassen sie die Wohnung.

# 3

Nick hat Oliver noch am Abend erreicht. Er hat ihm von der Seite erzählt, und gemeinsam haben sie überlegt, was sie über Lorenz wissen. Dabei ist nur herausgekommen, dass er bei seiner Mutter wohnt, die sie aber noch nie bei Sprechtagen oder Schulfesten gesehen haben. Ansonsten wissen sie eigentlich nur, dass er die neunte Klasse wiederholt. Eigentlich blöd, dass sich niemand um ihn gekümmert hat, als er in ihre Klasse versetzt wurde. Aber er ist auch nie zu ihnen gekommen, hat etwas gefragt oder so.

Als Lorenz am nächsten Morgen in der Klasse auftaucht, lassen sich Nick und Oliver nichts anmerken. Der Unterricht läuft ganz normal. Wie es scheint, hat sonst niemand die Homepage angeklickt. Oder derjenige gibt sich genauso zurückhaltend wie sie. Möglichst unauffällig beobachten sie den Mitschüler, der ihnen jetzt in einem ganz anderen Licht erscheint. Unheimlich. Vielleicht sogar heimtückisch und gewalttätig.

Aber sie können keine Besonderheiten an ihm entdecken. Trotzdem kehren ihre Gedanken dauernd zu den Bildern und Sprüchen zurück. „Wenn man ihn so sieht, traut man ihm das alles nicht zu“, sagt Oliver nach Schulschluss. „Dass der so was Idiotisches plant, ich kann es nicht glauben. Lass uns die Seiten nachher noch einmal ansehen. Gestern Abend hab ich das nicht mehr geschafft.“

Am Nachmittag sitzen sie dann bei Oliver vor dem Laptop. Sie probieren einiges aus, klicken vor und zurück, aber von Lorenz ist nichts zu sehen.
„He, will der uns verscheißern? Tote Hose. Da passiert doch nichts auf seiner Homepage.“
Oliver ist sauer. Nick wird immer nachdenklicher.
„Das kann doch nicht sein! Unmöglich! Ich schwöre, gestern gab’s hier ganz wilde Sprüche.“
„Aber jetzt ist der Floh weggehüpft.“
Nick greift sich an den Kopf, zermartert sich sein Gehirn.

„Dann gibt's nur zwei Möglichkeiten. Entweder hat er den Horror selbst gelöscht, oder jemand anderes hat das veranlasst."
„Wer denn? Einer unserer Lehrer? Die Polizei vielleicht?"
Die beiden schauen sich lange an. Jeder geht seinen Gedanken nach. Bis Oliver meint: „Kann ja sein, dass der komische Junge nur so was wie einen Blackout hatte. Passt zu ihm."
„Out of control, so was? Glaub ich nicht!"
„Und überhaupt – solche Seiten gibt's doch überall. Da können wir nicht so einfach Alarm schlagen. In der Schule war der Floh doch ganz cool. Der wirkt nicht, als würde er gerade durchdrehen oder so! Auch wenn du dem natürlich nicht in den Kopf gucken kannst."
„Stimmt. Wir wissen über Florence eigentlich viel zu wenig. Hat der überhaupt Freunde?"

Riesengroß auf die Hauswand gemalt, ist die Hausnummer nicht zu übersehen. Emscherring 3, ein fünfgeschossiger Klotz. Auf der Balkonseite fast auf jeder Etage ein bunter

Sonnenschirm, der vor der Nachmittagssonne schützen soll. Und jede Menge Satellitenschüsseln. Vor der dunkelblau gestrichenen, verkratzten Haustür bekommt Jana plötzlich Zweifel an ihrem Plan. Besser gesagt, an dem, was Oliver und Nick sich für sie ausgedacht haben. Das kommt ihr auf einmal total blödsinnig vor. Lange haben die beiden auf sie eingeredet. Und jetzt ärgert sie sich, dass sie sich hat rumkriegen lassen. Schnüffelaufgaben zu erledigen, ist eigentlich nicht ihre Sache.

Jana starrt auf das große Klingelbrett. 15 Wohnungen, und im vierten Stock gibt es die Nachtigalls.

Jetzt ist es zu spät zum Umkehren. Jana holt tief Luft und drückt auf den Klingelknopf.

Es tut sich nichts.

Jana lehnt sich gegen die Haustür. Sie lässt sich ohne Weiteres öffnen. Mit seinen Kratzern und Farbklecksen sieht der Aufzug nicht gerade einladend aus. Deshalb nimmt Jana die Treppe.

Sie überlegt immer noch, ob sie nicht auf der Stelle kehrtmachen soll. Aber was dann? Was soll sie Nick und Oliver sagen?

Sie steht vor der Wohnungstür und drückt entschlossen die Klingel.
Es tut sich immer noch nichts. Deshalb klopft Jana vorsichtig an die Tür. Plötzlich ertönt eine Kinderstimme: „Wer ist da?“
„Ich bin’s, Jana vom Zoo-Paradies.“
„Zoo? Wieso Zoo?“
Die Tür öffnet sich einen Spalt breit. Das Gesicht eines etwa zehnjährigen Mädchens wird sichtbar.
„Wir haben keine Tiere!“
„Ja, aber hier im Haus ist eine Schlange aus einem Terrarium ausgebüxt, und jetzt muss ich überall nachfragen …“
„Wie heißt du? Jana?“
„Genau. Und du bist die …?“
„Laura.“
Das Mädchen hält die Tür fest in der Hand. Sie ist bereit, sie sofort zuzuschlagen. Als Jana genauer hinschaut, hat sie eine Ahnung davon, wie Lauras Bruder aussehen könnte. Schmales Gesicht, spitze Nase, eng stehende braune Augen.
„Du, Laura, kann ich mal deinen Bruder sprechen, den Lorenz?“
Laura schüttelt heftig den Kopf.

„Wegen der Schlange? Nee, der ist nicht da. Und meine Mutter ist bei Lidl, nicht zum Einkaufen, zur Arbeit. Und mein anderer Bruder, der ist schon ausgezogen. Megalangweilig hier."
„Schade, ich hätte Lorenz gern gesprochen."
„Pech gehabt!", zischt Laura und knallt die Tür zu.
Ups! Jana atmet tief durch. Okay, das war's dann.
Hinter Jana tauchen plötzlich zwei Jungs auf, die sich gegenseitig anrempeln. Einer der Jungs prallt mit Jana zusammen. Die beiden lachen sich halb tot und rennen zum Aufzug.
Klack! Die Wohnungstür geht langsam auf.
„He, du, war nicht so gemeint."
Laura macht einen Schritt nach vorn und betritt den Hausflur. Sie blickt Jana in die Augen und lächelt hintergründig.
„Bist du vielleicht seine Freundin? In echt? So mit Küssen und Sex und so?"
Jana zuckt zusammen.
„Freundin? Eigentlich nicht. Oder doch, ja vielleicht."
Jana ist ein Stück zurückgewichen. „Aber ich gehe mit ihm in eine Klasse."

Laura überlegt kurz. Als sie weiterredet, verbreitet ihre Stimme so was wie Vertraulichkeit. „Nee, mit Mädchen kommt der überhaupt nicht klar. Der erzählt auch nicht viel über Leute, die mit ihm zusammen sind. Wenn er zu Hause ist, dann hockt er sowieso nur stundenlang vor seinem Rechner. Und darf nicht gestört werden. Sonst explodiert er."
„Dann eben nicht!", entscheidet Jana. Sie will sich möglichst schnell verabschieden. Schließlich hat sie den schwierigsten Teil ihres Auftrags erfüllt. Aber es scheint so, dass Laura sie nicht so schnell davonziehen lassen will.
„Warte mal! Wenn Lorenz mit seinem Skateboard unterwegs ist, dann dauert's länger. Aber wenn nicht … Soll ich mal nachsehen?"
Jana will einfach nur noch weg. Das Skateboard dieses komischen Typen interessiert sie nicht die Bohne.
„Wenn du seine Freundin bist, dann bist du auch meine Freundin", verkündet Laura plötzlich und lächelt wieder.
Offensichtlich hat sie sich zu etwas mehr Freundlichkeit durchgerungen. „Komm mit."

Laura greift Janas Hand und zieht sie mit sich in die Wohnung. Sie bleiben vor einer gelb gestrichenen Tür stehen, auf der eine zuckender Blitz gemalt ist. In schwarz und rot. Darunter steht D A N G E R !
Der Türgriff ist abmontiert. Laura bückt sich und kramt hinter einem Schränkchen einen Schlüssel hervor.
„Verrat mich nicht. Ich kenne sein Schlüsselversteck."
„Ehrenwort! Ich verrate dich nicht."
Zu ihrer großen Überraschung steht Jana mit einem Mal im Zimmer von Lorenz.
Sie atmet mit offenem Mund, denn der Raum scheint seit Längerem keine Frischluft mehr abbekommen zu haben.
„Was wolltest du eigentlich mit ihm besprechen?", fragt Laura.
„Ist nicht mehr wichtig."
„He, das glaub ich dir nicht!", schmollt Laura.
Das Zimmer wird von einer schwarzen Wand beherrscht. In der rechten Ecke steht ein kleiner Schreibtisch. So einer, wie Jana ihn früher mal hatte. Unter der Schreibplatte ein Rechner, darüber ein topmoderner Monitor und ein Fernsehgerät.

Vor dem einzigen Fenster ist ein dunkelgrünes Rollo halb heruntergezogen, sodass alles in einem düsteren Licht erscheint. Auch die Bettcouch, auf der Bettwäsche zu einer dicken Wurst zusammengerollt ist. Die schwarze Wand kommt Jana irgendwie bekannt vor. In der Mitte hängt ein großes Poster mit einem Eishockeytorwart in voller Montur und mit einem vergitterten Gesicht. Hinter dem Gitter sind nur zwei dunkle Augen zu erkennen. Am unteren Rand des Plakats steht: OUR HERO!

„Wow!“

„Tolle Bude. Oder?“ Laura baut sich vor Jana auf wie eine Museumsführerin.

„Oooooch, nicht ungewöhnlich. Manche Jungs mögen so was“, meint Jana und gibt sich gelangweilt.

Dann fällt ihr Blick auf Zeitungsausschnitte, die unter dem Plakat angepinnt sind. Berichte und Fotos zu dem Amoklauf in Winnenden. Daneben ist ein Dutzend schwarzer Kreuze aufgemalt. Jana erinnert sich noch an die Fernsehsendung, die sie mit ihren Eltern zusammen geschaut hat: Ein 17-Jähriger hat dort an seiner ehemaligen

Realschule 15 Menschen und sich selbst erschossen.
„Was bedeutet das?“, will Jana wissen und zeigt auf die Kreuze.
„Keine Ahnung. Seine Vorbilder vielleicht. Hat er mir mal gesagt. Helden sollen das sein.“
Jana erschaudert. In einem mannshohen Schrank mit aufgesetzten Spiegeln erkennt sie sich erst auf den zweiten Blick, so entsetzt sieht sie aus. Ja, da steht ein fremdes Mädchen im Zimmer eines Jungen, der sich vielleicht an anderen Menschen rächen will. Einfach so. Aus Frust, aus Lust, aus Neugier, aus Hass auf alles, was in seine Nähe ist. Höchste Zeit, zu verschwinden.

# 4

„Verdammt, du hättest besser auf ihn aufpassen müssen!"
„Wieso ich?"
„Er saß direkt neben dir, den ganzen Abend über."
„Aber zwischendurch ist er ein paar Mal rausgegangen."
Ärger ohne Ende. Seit sie von der Südstadthalle aufgebrochen sind. So gegen elf Uhr in der Nacht. Nick und Oliver müssen Philipp stützen. Seine eigenen Beine sind ihm im Weg. Er dreht sich zur Seite, er würgt und spuckt.
„Los, weiter! Bis zur nächsten Ecke", brummt Oliver voller Wut. „Und dann rechts ab, dann haben wir es geschafft."
„He, Philipp, dass du dich so zudröhnst, das hätte ich nicht von dir gedacht."
„Ich auch nicht", gesteht Philipp, der immer wieder ein Tempotuch gegen seine Lippen drückt. „Habt ihr mal 'ne Fluppe für mich?"
„Nee, nix da!"
Philipp versucht, sich zu beschweren. Er bringt aber nur ein kurzes Stöhnen zu Stande.

Vor seinem Wohnhaus drücken Nick und Oliver ihn gegen die Hauswand, damit er nicht zusammensackt oder umfällt. Gemeinsam fingern sie die Hausschlüssel aus seiner Hosentasche. Allerdings ist der Schlüsselbund durch eine kurze Kette mit seiner Hose verbunden. Deshalb müssen sie Philipp ganz dicht an die Haustür heranschieben.
Dann geht es noch zwei Etagen hoch. Mit Gepolter und Gelächter. Philipps Mutter kommt ihnen schimpfend entgegen, in einen weißen Bademantel gehüllt. Philipps Vater wartet kopfschüttelnd an der Wohnungstür.
„Hackedicht, diese verdammte Alkoholleiche!“, flucht Oliver, als sie ihren Klassenkameraden endlich abgeliefert haben.
„Ich hab mir den ganzen Abend über nur einen Wasserbauch angesoffen.“
„Sein erster richtiger Filmriss“, stellt Nick fest. „Ein fetter Absturz. Der bleibt ihm lange in Erinnerung.“
„Mir auch.“
Oliver sieht auf seine Uhr.
„Oh Mann, dieser Schwertransport hat glatt eine Stunde gedauert. Jetzt wird's aber allerhöchste Zeit für uns.“

„Zoff gibt es zu Hause sowieso“, meint Nick. Trotzdem marschieren sie mit einem Affenzahn los. An der übernächsten Straßenecke rammt Oliver einen Ellenbogen in Nicks Rippen und zieht ihn in einen Hauseingang.
„Da sitzt ein Gespenst!“
„Spinnst du? Geht es jetzt auch mit dir los?“
„Florence Nightingale höchstpersönlich!“
Er ist es tatsächlich, der da auf einem Poller sitzt und in die offene Tür einer Spielhalle starrt. Sobald sie näher kommen, sieht Lorenz sie an, als kämen sie von einem anderen Stern. Dann schraubt er sich langsam hoch und verschwindet auffallend schnell hinter der nächsten Hausecke.
„He du, Floh, warte mal!“
Oliver rennt ihm nach und ergreift ihn an seinem schwarzen T-Shirt.
„Was willst du?“
„Hallo Florence, alles okay? Wir haben dich auf der LAN-Party vermisst.“
„So was ist nicht meine Welt. Ist was für Weicheier. Massenverblödung.“
Nick kommt hinzu.
„Und was ist deine Welt?“, will er wissen.
„Gibt’s die wirklich?“

„Das geht euch einen Scheißdreck an! Haut endlich ab! Eure Muttis und Papis warten schon.“
„Klingt gut“, stellt Nick fest.
Sie sehen ein, dass sie nicht willkommen sind. Deshalb gehen Nick und Oliver einfach weiter. Floh hat recht, sie wollen schnellstens nach Hause.
Oliver dreht sich trotzdem noch einmal um.
„Lorenz, du Sackgesicht!“
„Mensch, lass ihn doch in Ruhe“, geht Nick besänftigend dazwischen. „Armes Schwein, der Lorenz. Demnächst fliegt er von der Schule, weil er's wieder nicht packt. Die Lehrer haben ihn doch schon abgeschrieben.“
Nick bekommt ein zweites Mal einen Ellenbogen seines Freundes in die Rippen.
Aufgeregt deutet Oliver nach hinten.
„Stopp! Warte mal, da tut sich was.“
Oliver drängt Nick in einen Hauseingang.
Zu spät. Lorenz scheint etwas bemerkt zu haben. Er schaut zu den beiden hin.
Ein asiatisch aussehender Mann nähert sich Lorenz und will ihm etwas in die Hand drücken, das wie ein Leinenbeutel aussieht.
Aber Lorenz deutet mit seinem Kinn auf Nick

und Oliver. Der junge Mann stutzt, klemmt sich den Beutel unter einen Arm und schlendert zu einem Auto. Er schwingt sich hinein. Eine bewegungslose Gestalt, die nur dasitzt und nicht losfährt. Aus welchem Grund auch immer.
„So was hab ich schon mal in einem Film gesehen“, flüstert Oliver, obwohl niemand in der Nähe ist, der mithören könnte. „Da ging es um eine Knarre. Spannende Geschichte. Irgendeine verdächtige Gestalt besorgt einem jungen Gangster einen Schießprügel. Und der will damit ein paar Figuren umlegen. Entsetzte Gesichter. Aber der Abzug vom Gewehr klemmt.“

Sein Kopf pendelt hin und her. Nick schnappt nach Luft. Da ist so viel Nebel, der sich nur langsam lichtet. Durst. Der Mund ist ausgetrocknet. Eine Hand an seiner Kehle? Etwas stimmt hier nicht.
Jana hat ihn hergeschleppt. Sie will ihn von der Schule abholen. Und dann zeigen ein paar Schüler nach oben, auf das Flachdach der Turnhalle. Da steht einer. Eine dunkle

Gestalt, die sich klar vom blauen Himmel abhebt. Nick sieht genauer hin. Wegen der Sonnenstrahlen muss er eine Hand als Schutz über die Augen halten. Ja, das ist er, Lorenz.
„Mensch, ich muss ihm helfen“, schreit Nick. Aber Jana schüttelt immer wieder ihren Kopf. Sie ergreift seine Hand, hält sie fest. Nick reißt sich los.
„Das ist doch Wahnsinn!“
„Ja, genau. Das ist es“, sagt sie.
„Deshalb muss ich da hin. Der ist am Ende! Alle glotzen, keiner tut was.“
Alle Gesichter sind nach oben gerichtet. Tatsächlich, niemand rührt sich. Bis jemand schreit: „Feigling! Feigling! Feigling!“
Im Nu wird aus dem einzelnen Rufer ein Chor von Schreihälsen: „Jetzt spring, los, du Feigling! Spring doch endlich! Spring!“
„Das darf doch nicht wahr sein!“
Nick schwitzt. Er befreit sich und schiebt Jana, die ihn umklammert, zur Seite. Jetzt kann er sich bewegen. Wie er dann auf das Dach kommt, weiß er nicht. Irgendwie klappt das. Er ist oben. Wieder so ein Nebel.
„Hi Florence!“

Der Angesprochene dreht sich zu ihm herum. Hass ist in seinen zusammengekniffenen Augen zu sehen.
„Du schon wieder! Hau ab! Verschwinde!"
„Ich will dir helfen."
Lorenz lacht laut los, und dann wird er plötzlich wieder ernst. Wie zur Abwehr schiebt er einen Arm vor seinen Körper.
„Wenn du näher kommst, spring ich runter. Und dich werde ich …"
Die Sonne in seinem Rücken macht ihn zu einem unheimlichen Schattenmenschen. Zu einem dunklen Kämpfer, der breitbeinig vor Nick steht und zu allem bereit ist.
Wie in Zeitlupe greift er in seine Jackentasche und hebt die rechte Hand. Da ist ein Messer. Das Messer ist auf Nick gerichtet, mitten auf sein Gesicht. Sonnenlicht erfasst die Messerspitze und wird zu scharfen Strahlen, die Nicks Augen treffen. Er muss die Hände ausstrecken, als Schutz vor der Sonne und der Klinge.
„Verpiss dich!", brüllt Lorenz.
Nick schnappt wieder nach Luft. Ratlos. Sein Herz klopft wild. Etwas liegt hart wie ein Stein auf seiner Brust und drückt sie

zusammen. Seine Kraft reicht nicht aus, das zu ändern. Sein Brustkorb scheint einzubrechen.
Lorenz dagegen bleibt ganz cool.
„Lass mich in Ruhe. Sonst stech ich dich ab. Dich und alle anderen."
Nick sieht sich selbst zu, wie er trotz der Warnung auf Lorenz zugeht, langsam, Schritt für Schritt. Er kann nicht anders. Von unten sind jetzt wieder Stimmen zu hören, die immer lauter werden. Wildes Geschrei.
„Tu es nicht, Lorenz! Sei vernünftig."
„Ha, was soll denn das heißen? Schluss, aus, das ist die Antwort."
Sein Messer, das noch ein Stück größer geworden ist, schnellt nach vorn und wieder zurück. Wie zur Probe. Und ein Schrei ertönt. So deutlich, dass Nicks Ohren schmerzen. Das Messer schnellt ein zweites und ein drittes Mal nach vorn, es kommt direkt auf Nick zu, kommt mit jedem Armschwung immer näher. Das blitzende Ding, dahinter das verzerrte Gesicht.
„Verstehst du jetzt? Ich mach jetzt den Abgang. Und dich nehm ich mit!" Nick will in Deckung gehen, hinter einer Kaminwand

verschwinden. Aber sein Kopf, seine Muskeln, seine Beine gehorchen nicht. Trotz größter Anstrengung. Da ist nur ein hilfloses Zucken. Etwas in seinem Innern will vor Entsetzen schreien.

„Neiiiiiin!"

Ein höllischer Lärm, und Nick schreckt langsam aus seinem Albtraum auf. Schweißnass, aber ohne Blutvergießen, ohne Loch in der Brust. Er versucht, das Halbdunkel zu durchdringen, wischt mit beiden Händen über sein Gesicht. Er schnappt wieder nach Luft.

Eine Tür geht auf. Licht geht an.

„He, Nicky, was ist los?"

# 5

Wenn Nick im Unterricht Wörter mit „un" hätte bilden sollen, dann wäre ihm viel eingefallen. UNRAT. UNFERTIG. UNZUFRIEDEN. UNBEHAGLICH. UNBEWEGLICH. UNSINN. UNAUSGESCHLAFEN. UNWOHL.
So jedenfalls fühlt er sich jetzt.
Das gegenseitige Belauern geht weiter.
Ohne den Kopf zu bewegen, wirft Nick einen Blick nach links zu Oliver und nach rechts zu Lorenz. Der lässt sich nichts anmerken. Sein Gesicht ist ernst und verschlossen. Was geht hinter seiner Stirn vor? Will er sich von uns verabschieden? Uns plattmachen?
Nur mit Mühe hält es Nick auf seinem Stuhl. Am liebsten würde er aufspringen und seine Fragen in die Klasse brüllen: He, Lorenz, was ist los mit dir? Was hast du vor? Warum gibst du mir keine Antwort? Meinst du nicht, dass du uns eine Erklärung schuldig bist?
Nick starrt auf seine Finger. Von den ersten beiden Stunden hat er nichts mitbekommen. Zum Glück hat keiner der beiden Lehrer etwas gemerkt.

„Wir müssen es jemandem erzählen", erklärt Oliver, der ihn in der großen Pause in eine Ecke des Treppenhauses zerrt. „Unbedingt. Nick, wir hätten es schon längst tun müssen."
„Ja, aber wir wissen doch nichts Genaues. Wir haben doch nur so was wie einen Verdacht ..."
Sie machen sich auf den Weg zum Lehrerzimmer. Und sie haben Glück: Sie finden dort Herrn Heuken.
Martin Heuken, der Sport und Englisch gibt, lehnt ganz lässig an einer Wand der gläsernen Hausmeisterkabine. Er spricht mit einer der Kleinen, einer Schülerin mit Zahnspange und Brille aus der 5. oder 6. Klasse. Nick und Oliver schieben sich dicht an den Lehrer heran, damit er sie wahrnimmt. Nach zwei Minuten beendet er das Gespräch mit dem Mädchen und wendet sich ihnen zu.
„Na, was gibt's denn? Macht's aber kurz. Ich freu mich auf meine Tasse Kaffee."
Oliver und Nick reden fast gleichzeitig auf ihn ein. Nur langsam kriegt die Sache mit Lorenz Hand und Fuß. Zwischendurch nickt Heuken ihnen zu, während sie reden.

Er wirkt so, als hätte er alles verstanden. „Aber seid ihr euch im Klaren, dass ihr einen Kameraden wegen seiner krausen Homepage anschwärzt?“
Oliver und Nick blicken ihn schweigend an. Natürlich wissen sie das.
Herr Heuken dreht sich zur Seite, schaut nach rechts und links. Er prüft, ob sie beobachtet werden oder ob jemand etwas von ihrem Gespräch aufgeschnappt hat.
Ihm fällt nicht auf, dass Utze – Dirk Utzelsberger – nur fünf Meter weiter an der Flurwand lehnt und konzentriert herüberschaut. Mit der rechten Hand knipst er sein Feuerzeug an und bläst die hochschießende Flamme wieder aus. An und aus. An und aus. Aber Heuken nimmt das nicht wahr.
Herr Heuken zupft an seinem Trainingsanzug herum, als wäre er ihm plötzlich zu eng geworden. Er schaut Hilfe suchend an die Decke der Pausenhalle.
„Sorry, es tut uns echt leid“, erklärt Nick. „Aber, verstehen Sie, für uns ist diese Sache eine Nummer zu groß. Wir wissen einfach nicht, was wir sonst tun sollen. Und Sie sind unserer Vertrauenslehrer.“

„Schon gut, Jungs. Ihr habt euch absolut richtig verhalten.“

Oliver und Nick atmen auf und sehen sich erleichtert an. Heuken kennt sich aus. Das haben sie erwartet. Der kennt bestimmt die Lösung des Problems.

„Also, bei uns gibt es einen Krisenplan und sogar ein festes Krisenteam“, erklärt er nach einer kurzen Verschnaufpause. „Wichtigste Regel: Ruhe bewahren! Strategisch vorgehen. Überlegt. Deshalb muss ich das Ganze erst mal in meinem Kopf sortieren. Dann sehen wir weiter. Kein Wort zu euren Mitschülern, keine Panik. Erst mal cool bleiben. Verstanden?“

Nick und Oliver nicken brav, kapieren aber so gut wie nichts.

Als Nick nach der Pause wieder am Lehrerzimmer vorbeikommt, sieht er durch einen Spalt in der Tür zum Lehrerzimmer, wie sich Herr Heuken mit seiner Klassenlehrerin Frau Haupt unterhält. Mit leiser Stimme sagt er zu ihr: „Das hört sich nicht gut an. Der Junge hat Kontaktprobleme, hat Wut im Bauch, vielleicht Hassgefühle, und steckt wohl in einer Sackgasse. Seine schulischen Leistungen, na ja, lassen seit Monaten immer stärker nach. Eigentlich ist er eine ganz arme Wurst.“

Ein schwülwarmer Sommerabend. Über dem dunklen Dach des Schlosses steigt ein fetter Halbmond auf. Im Schlosshof geistern bunte Lichtkringel über Köpfe und Mauern. Das Licht spiegelt sich im Schlossgraben wieder. Aber dafür haben die wenigsten einen Blick. Rockmusik, die Bässe wummern tierisch. Zum Tanzen haben sich die drei Mädchen untergehakt. Dreierpack mit Sektgläsern in den Händen. Jana in der Mitte, Viola und Tine links und rechts. Der Rhythmus der Musik aus den mächtigen Lautsprechern treibt sie immer wieder an.

Discoparty im Schlosshof: LOVE AND DEATH WITH JACKO. An Michael Jacksons Todestag, dem 25. Juni. Eine dichte Menge singt jeden Song lauthals mit, der von Videoclips auf einer Riesenleinwand begleitet wird. Alles ist retro. Jana und ihre Schulfreundinnen

tragen Glitzerhandschuhe und stecken in schwarzen Röhrenjeans. Immer wieder versuchen sie Jackos Moonwalk, und genau so oft brechen sie ihn kreischend ab. Dabei schwappt der Sekt aus den Gläsern.
Nick findet Jana inmitten der Tänzer. Er drängelt sich zu ihr durch und legt ihr seine Hand auf den Rücken. Sie hält kurz still und lehnt sich dann an ihn. Eine wunderbare Wärme durchflutet seinen Körper. Gerade läuft „The way, you make me feel".

Nick beugt sich zu Jana hinunter und gibt ihr einen schnellen Kuss in den Nacken.
„Endlich! Schade, du hast den Anfang verpasst."
„Du weißt, das ist nicht mein Typ."
Nick deutet mit seinem Becher auf die Videowand.
Tine und Viola sind über Nicks Auftauchen nicht gerade begeistert. Sie wissen, dass sie Jana damit los sind. Deshalb treffen ihn strafende Blicke.
„Lass uns noch ein bisschen bleiben", bittet Jana. „Einfach supi! Wir drei haben hier echt

viel Spaß. Wie du siehst, haben wir uns dafür extra aufgehübscht."

„Klar, ich bin nicht eure Spaßbremse."

Aber Nick fügt sich nur widerstrebend. Am liebsten würde er mit Jana in der brodelnden Menge untertauchen. Sie in den Arm nehmen, an sich drücken, ihr etwas Tolles ins Ohr flüstern – nein, er müsste das schon etwas lauter machen …

Er wittert eine neue Chance, als Tine und Viola von zwei Jungs angesprochen werden, die sie zu einem Getränk einladen.

„Es ist schon lausig spät", schreit er Jana ins Ohr, um sie loszueisen.

„Macht nichts. Heute muss ich erst um zwölf zu Hause sein. Wir sind ja zu dritt."

„Ach komm!"

Nick zieht sie an einer Hand mit sich. Aber Jana stemmt sich dagegen.

„Nein! Bitte sei kein Spielverderber! Warum kommst du überhaupt hierher, wenn das hier nicht dein Fall ist?"

„Deswegen!", schreit Nick und gibt ihr einen Kuss. Er ergreift wieder Janas Hand, um sie weiterzuziehen.

Das gelingt ihm nicht. Jana macht sich los.

Auch sie wird laut.
„Hab keinen Bock! Ich bleibe hier! Du bist schlecht drauf! Du hast doch sowieso nur diesen durchgeknallten Florence im Kopf! Das sehe ich dir doch an!"
Wenn Jana losbrüllt, findet Nick, dann verliert sie irgendwie ihr wunderbares Aussehen.
„Und tschüss!"
Entschlossen wendet sich Jana wieder ihren Freundinnen zu. Sie haben den Jungs einen Korb gegeben. Nick wirft seinen halb leeren Colabecher in die Menge, stopft seine Hände in die Hosentaschen und macht fluchend kehrt.
Zickenbande!
Für heute ist er fertig mit der Welt. Ganz unerwartet. Auf dem Weg nach Hause fragt er sich, auf wen er flucht. Zunächst mal auf Michael Jackson, diesen Zombie. Und sonst? Da kommt einiges zusammen. Das Beste wäre, umzukehren und an einem der Getränkestände mal so richtig zuzulangen. Wenn man genug Euros in der Tasche hätte.

# 6

Die Anspannung lässt nicht nach. Obwohl schon drei Tage vergangen sind, seit sich Jana und Nick die saublöde Homepage von Lorenz angesehen haben.
Nick wünscht sich die Ferien herbei. Das wäre eine Lösung. Abhauen, untertauchen, den ganzen Spuk vergessen. Aber bis zu den nächsten Ferien, bis zur Urlaubsreise mit der ganzen Familie nach Boltenhagen, dauert es noch zwei Wochen.
Sie sitzen im Bus, Nick und seine Klasse. Auf dem Weg nach Bochum, zum Schauspielhaus.
„Benehmt euch bitte!“, warnt Frau Haupt. Und prompt muss sie eingreifen, weil Irina von ihrer Nachbarin vom Sitz geschubst wird und in den Mittelgang kracht. Schadenfrohes Gelächter.
Lorenz hat sich sofort nach hinten verzogen. Vor ihm sind zwei Sitzreihen frei. Er hockt in der letzten Reihe. Die Arme verschränkt, die Beine lang ausgestreckt. Sein Kopf ist in einem grauen Kapuzenpulli verschwunden. Nur die spitze Nase ist zu erkennen.

„Ich trage die Verantwortung für jeden von euch!“
Mit diesem Satz endet eine Belehrung ihrer Lehrerin. Damit hat sie kaltblütig die Hoffnung der meisten Schüler zerstört, nach der Vorstellung noch schnell im „Bermudadreieck“ unterzutauchen.
Als Antwort fliegt ein weißer Schuh durch den Bus. Ayse rastet aus und hüpft hin und her. Utze lässt den Schuh unter seinem Pulli verschwinden. Er fordert von Ayse einen Zungenkuss, gibt sich dann aber mit einem Schmatzer zufrieden, bevor er den Schuh wieder herausrückt.
„He, was jetzt?“, flüstert Oliver, der einen Platz hinter Nick ergattert hat, ihm ins Ohr. „Los, du hast es versprochen!“
Nick hat natürlich gleich kapiert, was gemeint ist. Er steht auf, reckt sich und wankt nach hinten.
„Muss mich auch mal richtig ausstrecken“, erklärt er Lorenz, der sofort zur Seite rückt. „Bin kaputt wie Hund.“
Nick macht es sich bequem, während er seinen Nachbarn aus den Augenwinkeln beobachtet. Er denkt scharf nach, sucht nach

seinem Einstiegssatz, den er sich kurz vorher zurechtgelegt hat.
„Verdammt langweilig, das Ganze. Oder nicht?“
Lorenz reagiert nicht.
„Und wie sieht’s sonst bei dir aus?“
„Lass mich in Ruhe, Mann!“
Jetzt bloß locker bleiben, ermahnt sich Nick. Cool bis auf die Knochen. Pokerface ist angesagt. Lorenz hat den Reißverschluss an seinem grauen Pulli geöffnet.
„Ja weißt du, ich mach mir so meine Gedanken. Auch über dich ...“
Lorenz beugt sich nach vorn, schaut ihm plötzlich voll ins Gesicht. Nick erschrickt, denn er entdeckt in dessen graublassen Augen nur kalte Wut. Und dann findet Lorenz sogar seine Sprache wieder.
„Halt bloß die Klappe, du elender Spitzel! Hetzt mir dein Model auf den Hals. Horchst meine Schwester aus. Verpiss dich, du Schnüffler!“
In dem Moment quietschen die Busbremsen. Beide fliegen nach vorn und prallen zusammen. Nick hält sich an Lorenz fest und grinst ihn an.

„He, geht doch!“
Sie nehmen wieder ihre Plätze ein. Lorenz lehnt sich zurück. Auf seinem T-Shirt unter dem Pulli ist ein Piratenlogo zu erkennen.
„Du, ich hab da was gesehen, auf deiner Homepage …“
„Schnauze!“
„Das war …“
„Schnauze!“
Kein weiteres Wort mehr. Frau Haupt gibt irgendwelche Erklärungen ab, von denen aber hinten nur ein paar Wortfetzen ankommen. Nick sieht, wie sich Oliver fünf Reihen vor ihm verstohlen umschaut und ihm aufmunternd zunickt. Dranbleiben! Ja, verstanden! Deshalb bemüht sich Nick, das Gespräch wieder in Gang zu kriegen.
„Eine komische Botschaft, würde ich sagen.“
Ein zweites Mal sieht Lorenz ihm direkt in die Augen, aber nur ganz kurz. Dann zieht er sich wieder in seine Kapuze zurück. Trotz des schlechten Lichts meint Nick, so etwas wie Verzweiflung in seinen Augen zu erkennen. Nicht nur Hass. Und sofort spürt er etwas wie Mitleid mit der „armen Wurst“, wie Heuken sich ausgedrückt hat.

„Das war nicht so gemeint. Ernsthaft. Ich war schlecht drauf an dem Tag. Ist doch alles weg. Ein Blitz aus heiterem Himmel."
Das war fast eine richtige Rede.
„Aber …"
„Schule kotzt mich an. Das ganze Drum und Dran. Da musste ich mich halt mal abregen. Aber bevor ich – ein Signal, ein Zeichen. Damit bleibt man wenigstens den anderen im Gedächtnis. Ihr werdet euch noch sehr wundern. Aber jetzt lass mich, verdammt noch mal, endlich in Ruhe."
Schon ist alles wieder zu bei ihm. Sein Gesicht ist wie in Stein gemeißelt. Seine Lippen sind zu einem Strich zusammengepresst. Er hat die Sätze regelrecht aus sich herausgepresst. Sie kommen von irgendwo ganz tief in ihm, wo es dunkel ist und kalt.
„Aber so was nur wegen schlechter Laune?", zischt Nick.
„Bei mir schon. Und jetzt hau ab, du Wichser. Du gehst mir voll auf den Geist!"
Lorenz springt auf und sucht sich einen freien Platz.

„Alles idiotisch. Wir sind so schlau wie vor fünf Tagen!"
Oliver wirft sich seinen Rucksack über die Schulter und schlurft Richtung Ausgangstüren. Nick folgt ihm zögernd. Zu sehr ist er mit sich selbst beschäftigt. Sie sind die letzten. Alle anderen aus der Klasse sind schon weg.
Sechs Stunden Unterricht haben Spuren hinterlassen. In den Beinen. Mehr noch im Kopf. Oliver gähnt herzerweichend. Um seine Müdigkeit zu verscheuchen, schüttelt er seinen Kopf. Er muss aber sofort wieder gähnen.
„Bin restlos ausgepowert. In letzter Zeit schlaf ich extrem schlecht", erklärt er langsam.
„Und Kohldampf hab ich jetzt auch."
Bei seinem Freund stößt er auf volles Verständnis.
„Mehr war einfach nicht zu machen", stellt Nick mit schuldbewusster Miene fest.
„Bis jetzt."
„Erst mal das Hungerloch in meinem Bauch stopfen", erklärt Oliver und gähnt wieder.
Auf einmal ist er hellwach.
„Da, schau mal!"

Er deutet vom Flurgang nach draußen und rennt dicht ans Fenster. Nick trottet hinter ihm her.
„Ist was passiert?“
„Der Kommissar! Und der ist nicht allein!“
Oliver deutet auf den Schulhof. Er klopft gegen die Fensterscheibe. So fest, dass eine Taube vor Schreck auffliegt, die sich mit einem Stück Brot auf die Fensterbank verzogen hat.
„Der da, der gerade aus dem Auto gestiegen ist. Der Jugendkommissar. Jetzt ohne Uniform.“
„Jansen?“
„Erinnert du dich an seinen Auftritt hier, kurz vor den letzten Ferien? Thema Mobbing.“
„Vielleicht geht jemand aus seiner Familie hier zur Schule.“
„Glaub ich nicht. Der marschiert bestimmt direkt zum Rektor. Und neben ihm, die Rothaarige, das ist garantiert auch eine Kriminalbeamtin.“
„Glaubst du?“
„Ich hab einen Riecher dafür.“
„Ich rieche nichts.“
Das alles lässt Nick kalt.

Er geht einfach weiter, will nur noch nach Hause. Oliver rennt hinter ihm her, ergreift ihn am Ärmel und reißt ihn herum.
„Mensch, das hat doch was zu bedeuten!“
„Großer Schlauberger, dann verrat mir mal, warum genau die hier sind.“
„Keine Ahnung. Aber ich wüsste es gern.“
„Wir werden es wohl kaum erfahren, und jetzt komm.“
„Glaub mir, das lässt nicht Gutes erwarten.“

Nach dem Mittagessen will sich Nick gleich wieder in sein Zimmer verdrücken. Er räumt Teller und Besteck in die Spülmaschine. Auch den Teller von Carmen, seiner Schwester. Meistens lässt er ihn einfach stehen. Aus erzieherischen Gründen, wie er behauptet.
Als er schon fast verschwunden ist, meldet sich seine Mutter und bittet ihn, wieder am Tisch Platz zu nehmen.
„Wir müssen reden.“
„Reden? Wieso?“
Nick greift nach einer Zeitschrift, die auf der Fensterbank liegt. Er beginnt, darin zu blättern.

Er will dem ernsten Blick seiner Mutter entgehen.
„In den letzten Tagen benimmst du dich so eigenartig. Bist eigentlich gar nicht richtig da.“
„Ach was.“
Carmen schüttelt sich und gluckst vor sich hin: „Klarer Fall von schwerem Liebeskummer! Ich hab’s ja immer schon gewusst.“
„Nein, im Ernst“, erklärt Nicks Mutter. „Dich bedrückt etwas. Du bist so verschlossen wie ein Medizinschrank.“
„Ich bin doch hier!“
„Also, was ist los? Eine Neue? Kenn ich sie?“, will Carmen wissen. In ihrem Gesicht hat die hämische Freude noch zugenommen.
„Gibt’s Ärger mit deinen Freunden oder in der Schule?“
„Nö, eigentlich nicht“, bequemt sich Nick, zu erklären.
„Eigentlich nicht heißt eigentlich doch. Hörst du, ich will, dass du wieder …“
Nick springt auf. Er knallt die Zeitschrift auf die Fensterbank.
„Ach Quatsch! Ihr könnt mich doch alle mal – “
Er stürmt in sein Zimmer und drückt die Tür hinter sich zu. Er wirft sich auf sein Bett und

starrt die gegenüberliegende Wand an. Dann springt er auf und lässt sich wieder auf das Bett sinken.
Nein, so kann das nicht weitergehen. Samstags hat auch Jana keine Schule. Also ist ihr Handy gesprächsbereit. Aber nicht wirklich. Der Teilnehmer ist zurzeit nicht erreichbar.
Deshalb verschickt Nick eine SMS.
HI JANA, ALLES KLAR? UM FÜNF AM CREME.
Während er auf eine Antwort wartet, hat Nick kurz Musik auf seinem MP3-Player gehört, seinen Fernseher schwindelig gezappt, den PC angeworfen und nach zehn Minuten wieder heruntergefahren, weil nur falsche Mails und erbärmliche Spams aufliefen.
Keine Nachricht von Jana.
Stattdessen gibt's ein Wortgefecht mit seiner neunmalklugen Schwester, die ein paar Mal an seine Zimmertür klopft und sich dann kichernd davonmacht.
Nichts Neues von Jana. Und um fünf am Café Creme keine Spur von ihr. Grund genug für Nick, an der Gerechtigkeit im Leben zu zweifeln. Er verflucht mal wieder die ganze Welt. Bis er auf Katrin trifft. Plötzlich steht sie

rauchend vor dem Laden. Direkt über ihr ein Dutzend bunter Luftballons, die sich völlig albern selbst umkreisen. Sie sieht absolut hip aus. Und sie reagiert so, wie Nick es sich jetzt wünscht.
„Ey Nick, gibt's dich auch noch?"
„Glaub schon. Oder war ich unsichtbar?"
„Heute als einsamer Wolf unterwegs?"
„Kann man so sehen."
„Lass uns reinsetzen."
Sie zieht mehrmals heftig an ihrer Zigarette und schnippt den Rest weg.
„Von alten Zeiten reden", sagt sie und lacht. „Ich krieg 'ne Cola."
In dem Moment meldet sich Nicks Handy, tief unten in seiner Hosentasche. Es dauert, bis er es herausgefischt hat. Und dann tut sich nichts mehr. Nummer unterdrückt.
„Ich finde deinen Klingelton super", sagt Katrin. „Den hätt ich gern."
„Ich weiß nicht …"
„Dagegen kann doch keiner was haben."
Okay. Janas Schuld, denkt Nick. Und er lässt sich von Katrin in den Laden schieben.
„Hast recht", sagt Nick und sucht mit Katrin einen freien Tisch.

# 7

Oliver und Nick haben es sofort bemerkt. Sein Platz ist leer. Den anderen fällt gar nichts auf. Die haben genug mit sich selbst zu tun. Wie sonst auch kommen sie nur langsam in die Gänge. Erst als der Unterricht beginnt und Frau Haupt auf den leeren Stuhl zeigt, wird allen klar, dass Florence fehlt.

„Weiß jemand etwas?"

Niemand hat eine Ahnung, warum Lorenz nicht gekommen ist. Die Lehrerin lässt ihren Blick über alle Köpfe gleiten. Die meisten sind gesenkt, auch die von Oliver und Nick. Frau Haupt versucht es noch einmal:

„Hat denn keiner von euch näheren Kontakt zu ihm?"

Keine Reaktion.

„Wirklich niemand?"

Genau, niemand in der Klasse hat etwas mit Lorenz zu tun.

„Gut, dann muss ich mich mal zu Hause erkundigen."

Danach kann der Unterricht beginnen.

In der großen Pause ist das Fehlen von Lorenz kein Thema. Nur für Nick und Oliver.

Beide ziehen sich in eine ruhige Ecke zurück. „Der Kerl geht mir nicht aus dem Kopf!“, stöhnt Nick.
Herr Heuken hat sie entdeckt und schießt auf sie zu.
„Na endlich! Ich hab euch gesucht. Wisst ihr, was mit ihm los ist? Raus mit der Sprache. Was wisst ihr über sein Verschwinden?“
Nick und Oliver kapieren natürlich sofort, wer gemeint ist. Beide schütteln den Kopf.
„Kollegin Haupt hat gerade angerufen“, fährt Martin Heuken fort. „Und zwar zu Hause, bei seinen Eltern.“
„Eltern?“, fragt Nick und macht ein zweifelndes Gesicht.
„Ich weiß, die kümmern sich nicht. Aber sie hat mit seiner kleinen Schwester gesprochen. Aufgewecktes Ding. Er ist weg, ihr Bruder. Seit gestern weg, hat sie gesagt. Irgendwohin. Oder nirgendwohin. Keiner blickt durch.“
Jetzt hat Nick den dringenden Wunsch, seine Fragen loszuwerden.
„Die Homepage von Lorenz … “
„Ist auch dem Rektor inzwischen bekannt“, ist Heukens schnelle Antwort. „Wir haben diese Sache bisher unter der Decke gehalten.

Ihr versteht das bestimmt. Angst vor Nachahmung, vor Trittbrettfahrern."
Er sieht auf seine Uhr, und wie auf sein Kommando setzt der Gong ein.
„Also dann, wir sehen uns nach der 6. Stunde. In der Bücherei. Da sind wir ungestört. Okay?"
Ihnen bleibt halt nichts anderes übrig, als zustimmend zu nicken. Dann aber, als sie langsam in Richtung Klassenraum schlendern, stoppt Nick mit einem Ruck. Er hält seinen Begleiter am Ärmel fest.
„Jetzt denke ich immer, gleich stürmt er hier rein, der Lorenz. Voller Wut, voll bewaffnet, und macht uns alle platt."

Die Schulpsychologin, Frau Bergkamm, ist schon da, als Herr Heuken mit Nick im Schlepptau die Bibliothek betritt. Oliver hat sich noch schnell abgemeldet, weil er dringend zur Toilette muss.
Franziska Bergkamm sieht nicht wie eine Psychologin aus. Eine junge Frau in einem vornehmen dunkelblauen Kostüm. Nick hat keine Vorstellung von einer Psychologin.

Diese hier jedenfalls sieht so aus wie eine Flugbegleiterin in einer piekfeinen Airline. Sie stellt sich mit ihrem Vornamen vor, was ihn zusätzlich irritiert.
„Nikolaus Thon“, stottert er.
Bei seinem Namen zieht die Psychologin die Augenbrauen hoch und lächelt ihn mitleidig an. Aber Rektor Quinkels nickt ihm aufmunternd zu. Er legt Nick eine Hand auf die Schulter.
„Nur ein paar Sätze. Mehr brauchen wir nicht.“
Nick soll schildern, was er über Lorenz Nachtigall weiß, in welcher Gefühlslage er gewesen ist. Vor seinem Verschwinden. Seine Aufregung macht Nick schwer zu schaffen. Er fühlt sich ganz und gar allein gelassen, auch von Oliver, dem Feigling. Aber vielleicht haben sie ja tatsächlich Schuld daran, dass Lorenz weg war. Vielleicht haben sie ihn mit ihren Fragen zu sehr bedrängt. Kein Wunder, dass Oliver die Hosen voll hat. Also erzählt Nick alles, was sie über Lorenz herausgefunden haben. Und am Schluss berichtet er auch noch von Janas Blick in sein Zimmer.

„Prima, das war sehr hilfreich. Wir brauchen nämlich ganz persönliche Eindrücke. Nur die bringen uns an den Kern der Geschichte."
Mit einem Blick auf den Schulleiter hat die Psychologin dann losgelegt.
Einiges von dem, was er dann hört, merkt sich Nick. Wie jeder andere Jugendliche sei auch Lorenz auf der Suche nach Aufmerksamkeit und Anerkennung. Außerdem fallen die Begriffe Persönlichkeitsstörung, Bedrohungsanalyse und Konfliktstrategie.
Ihre Zuhörer werfen der Psychologin fragende Blicke zu. Deshalb setzt sie noch mal an:
„Stark vereinfacht heißt das, Lorenz Nachtigall ist ein Mensch, der kein Bedürfnis nach menschlicher Nähe hat. Er hat kein Gespür für Regeln, kann kaum Gefühle erleben.
Er verlernt das Leben in der realen Welt."
Die Anwesenden nicken verständnisvoll.
„Zunächst aber ist es wichtig, ihn möglichst schnell zu finden", ergänzt sie dann lächelnd.
„Wir müssen mit ihm reden."
„Wir haben alles veranlasst", wirft Quinkels schnell ein. „Alles nur Mögliche."
Was dann noch angesprochen wird, rauscht an Nick vorbei.

Er kann sich darauf einfach nicht mehr konzentrieren. Martin Heuken gibt schließlich bekannt, dass besorgte Eltern einer Mitschülerin die Schule von Lorenz' Homepage in Kenntnis gesetzt haben.
„Ich glaube, ich bin hier mehr als überflüssig", flüstert Nick Herrn Heuken zu.
Bevor der antworten kann, bedankt sich der Rektor bei Nick und drückt ihm zusätzlich die Hand. Nick schaut suchend zum Eingang der Bibliothek, aber von Oliver ist immer noch nichts zu entdecken.
„Dann hab ich also mit der ganzen Sache nichts mehr zu tun", sagt Nick laut, und es klingt wie eine Erlösung.
„Doch, doch", meint der Rektor. „Wir haben natürlich sofort die Polizei eingeschaltet. Du musst dich darauf einstellen, dass ihr, du und Oliver Haverkamp, in Kürze zur Sache befragt werdet."
Dann schiebt er ihm einen Zettel in die Hand. Auf dem Zettel stehen drei verschiedene Telefonnummern.
„Melde dich über diese Nummern bei uns, sobald du etwas von Lorenz erfährst. Unverzüglich und ohne großes Aufsehen."

Als Nick endlich gehen darf, schnappt er sich seine Büchertasche und stößt die Tür der Bibliothek auf.
Oliver steht davor.
„Schon zu Ende?“, fragt er mit treuem Augenaufschlag.
„Arschloch!“, faucht ihn Nick an. „Verdammter Feigling, hockst stundenlang auf dem Klo!“
„Du, mir ist das alles auf den Magen geschlagen“, stöhnt Oliver und reibt sich den Bauch.
„Riesenarschloch!“, schnaubt Nick.
„Entschuldige bitte …“
„Halt die Klappe, du Laberfürst!“
Sie beeilen sich, die Verwaltungsetage zu verlassen. Wie auf der Flucht stürmen sie die Treppen hinunter, an den Putzfrauen vorbei nach draußen.

Nick ist über die Straße gerannt, auf Jana zu. Ein Pulk von Schülern kommt ihm entgegen. Er schlängelt sich durch.
„Hallo!“
Jana ist überrascht stehen geblieben.
„He, was machst du hier?“

„Nichts Besonderes. Wir hatten heute eher Schluss. Du, ich könnte dir mal wieder beim Ausliefern helfen."
„Hab ich gestern alles erledigt."
„Allein?"
„Natürlich nicht. Ich hab überall Freunde. Genauso wie du."
Nick zuckt etwas zusammen. Er versucht herauszufinden, ob sich Jana nicht doch über sein plötzliches Auftauchen freut. Wenigstens ein kleines bisschen. Das würde ihm gut tun. Aber sie lässt sich nichts anmerken. Sie blickt sich nach irgendjemandem aus ihrer Klasse um und gibt demjenigen ein Handzeichen.
„Immer noch angefressen?", fragt Nick.
„Nee. Aber irgendwie … du bist so komisch geworden, so ganz anders. Alles wegen dem irren Typen. Blöd auch, dass ich dabei mitgemacht habe. Bei eurer Aktion gegen diese lächerliche Figur."
Nick sieht sie entgeistert an. Er schnappt nach Luft und kriegt sich nur langsam wieder in den Griff.
„Also bist du doch noch sauer. Aber er ist weg. Abgetaucht! Wie vom Erdboden verschluckt."

„Tut's dir leid?“
„Nein, nein, im Gegenteil ...“
Jana geht ein paar Schritte weiter, bleibt dann stehen und wartet auf Melina und Rina. Die beiden nehmen Jana in die Mitte, sodass sich Nick endgültig abgehängt fühlt. Er sieht ihnen nach und gibt entnervt auf.
„Melde dich mal!“, ruft er Jana hinterher und macht kehrt. Aber sie hört ihn nicht, dreht sich nicht einmal nach ihm um.
Mist! Nick steht immer noch vor Janas Schule. Er kämpft mit den Bildern in seinem Kopf. Da ist es wieder, das Bild von Lorenz, dann das Bild von der Psychologin in der Bibliothek.

Es besteht doch noch Hoffnung. Unerwartet. Eine SMS von Jana.
WEISS NICHT MEHR WEITER. HILF MIR.
Nick ist mit dem Fahrrad unterwegs, zum Basketballtraining bei Phönix. Er steigt voll in die Bremsen, als er das Signal mitbekommt.
„Mensch, ein Lebenszeichen von Jana. Gibt's doch gar nicht“, murmelt er und tippt ihre Nummer ein.

„Was ist denn passiert?“ fragt Nick.
„Scheiße, alles Scheiße!“
„Ich versteh nichts.“
„Komm her. Wir müssen reden. Unbedingt.“
„Ich bin auf dem Weg zum Sport. Du weißt, heute ist wieder Training.“
Janas Stimme wird ein wenig schrill, als sie zurückbrüllt: „Was ist denn wichtiger, dein Sport oder meine Sicherheit?“
Und dann ist Schluss.
Nick steht stocksteif da, sein Fahrrad zwischen den Beinen.
„He, Jana, was ist denn? Wo steckst du überhaupt?“
Nichts. Keine Verbindung mehr. Nick ist ratlos. Er tippt mit zitternden Fingern noch einmal Janas Nummer. Es klappt.
„Und?“, fragt Jana.
„Bitte sag mir doch, was los ist.“
„Der Kerl, der durchgeknallte Typ, der bedroht mich. Per Handy. Der hat sich sogar einen neuen Namen zugelegt.“
„Neuer Name? Für sich?“
„Einzelne Buchstaben. E – X – Bindestrich – I – T. Also EX-IT. Genau so. Dieser Schizzo will mich abstechen, weil ich mich ein-

gemischt habe. Rache. Ich stehe auf seiner Liste. Sogar ganz oben."
„Ja, aber warum denn?", will Nick wissen. „Und woher hat der deine Handynummer?"
Janas Stimme überschlägt sich fast, als sie zurückschreit: „Das musst du doch wissen!"
„Ich? Ich weiß gar nichts. Aber der kennt sich gut aus, der …"
„Der kennt sich bei mir aus? Wieso denn?"
„Nein, mit der Technik. Was sagen denn deine Eltern?"
„Wissen von nichts. Kann ich denen nicht antun, diesen Horror!"
„Ja, aber … "
„Nichts mit aber! Halt mir den Ätztyp vom Hals, dann ist alles in Ordnung!"
Ihre Stimme ist wieder schrill.
„Bitte, Jana, geh zur Polizei. Die sind auf solche Situationen eingestellt. Bestimmt. Ich komme mit. Wir zwei. Sobald ich mit dem Training … "
„Training? Jetzt? Du willst mir also nicht helfen? Du also nicht. So einer bist du. Verstanden. Na schön. Hab ich mir fast schon so gedacht."
Nick presst sein Handy ans Ohr.

Er versteht kaum noch etwas. Wahrscheinlich ist Jana dabei, ihr Handy zu erwürgen.
„Nein, so war das nicht gemeint. Wo steckst du denn jetzt?“
„Bei Freunden, bei wirklichen Freunden.“
Und dann ist endgültig Schluss. Null Verbindung. Nichts tut sich mehr.
„Mensch Jana!“
Aus die Maus. Nick bläst die Backen auf.
Oh Mann, wieder ist etwas schiefgelaufen.
Er zwingt sich dazu, Ruhe zu bewahren.
Er muss nachdenken. Bis er einen klaren Gedanken fassen kann, dauert es eine Weile.
Aber dann packt es ihn. Wenn Jana gefährdet ist, dann ist er selbst auch … Und Oliver.
Oh, Scheiße!

Weg mit dem Training! Für heute gestrichen.
Nick sucht nach dem Zettel, den ihm der Rektor in die Hand gedrückt hat. Der steckt in seiner Jeans, jedenfalls nicht in seinem Trainingsanzug.
Er hätte die Nummern sofort speichern sollen, überlegt er, als er mit seinen Händen durch die leeren Taschen fährt.

Polizei? – Was könnte die Kripo mit dem Hinweis auf Janas Bericht anfangen? Nicht viel. Eigentlich gar nichts. Dann kann man den Anruf auch lassen.
Immerhin, Oliver kriegt er ans Ohr. Der reagiert wie erwartet: verschreckt, hilflos, stammelnd. Dann, nach ein paar endlosen Sekunden, hört er sich wieder etwas zuversichtlicher an. Ja, er passt auf sich auf und hält die Augen offen. Für alles!
Nick schwingt sich auf sein Fahrrad.
Er kommt nicht so recht voran. Ihm fehlt die Kraft in den Beinen. Er fragt sich, wieso man einfach in so eine Sache reinrutschen kann. Und dann steckt man plötzlich bis zum Hals in der Tinte. EX-IT!

Zu Hause löst Nicks schnelle Rückkehr kein großes Erstaunen aus.
„Was ist passiert?“
„Nichts. Mir geht es nicht gut. Bauchschmerzen oder so.“
Für Nicks Schwester eine willkommene Nachricht. Sie posaunt wieder etwas von Liebeskummer durch die Gegend.

Nick weiß, dass ihm das Talent zum Schauspieler fehlt. Aber er gibt sein Bestes. Mit einer erbarmungswürdigen Leidensmiene verkrümelt er sich in sein Zimmer. Als er von Carmen nichts mehr hört, tippt er die erste Telefonnummer ins Handy. Keine Reaktion. Dann also die nächste. Könnte der Privatanschluss des Schulleiters sein.
„Quinkels!"
Nick meldet sich und will loslegen. Aber seine Mutter erscheint in der Tür. Mit einem dampfenden Teeglas.
„Hier, das hilft."
Nick wirft sein Handy aufs Bett.
„Wen willst du denn jetzt anrufen? Willst du dich nicht hinlegen?"
Seine Mutter bleibt abwartend vor ihm stehen. Sie hat einen besorgten Zug um den Mund, den er von früher her kennt. Sie legt ihm eine Hand auf die Stirn.
„Jedenfalls kein Fieber", stellt sie erleichtert fest. „Etwas Ruhe wird dir gut tun."
In der Tür wirft seine Mutter ihm noch einmal einen besorgten Blick zu.
Ganz vorsichtig zieht sie die Tür hinter sich zu. Wie bei einem Kranken.

Nick kann einen neuen Versuch starten. Quinkels meldet sich sofort. Die Anspannung ist auch ihm anzumerken.
„Was war denn los? Gibt's was Neues?"
Nick berichtet von Janas Anruf, von Lorenz' Drohung, von EX-IT. Von der blöden Angst, die sie plötzlich spüren.
„Gott sei Dank, ich dachte schon an Schlimmeres", erklärt der Rektor. „Macht euch mal nicht so große Sorgen."
„Aber ..."
„Dieser Anruf von dem Lorenz, der kam über sein Handy?"
„Ich glaube ja."
„Hat deine Freundin alles gespeichert, vor allem seine Handynummer? Dann könnten wir Kontakt zu ihm aufnehmen. Das wäre sehr wichtig."
„Keine Ahnung, ob sie den Anruf gespeichert hat."
„Na ja, wie gesagt, mach dir keine Sorgen. Wir haben alles mit der Polizei abgesprochen. Sie fährt vermehrt Streife am Schulgebäude."
„Aber, Herr ..."
„Versteh doch. Ihr seid als einzelne Personen für ihn nicht spannend genug."

„Herr Quinkels, wie soll ich das denn …?“
„Also, die Sache muss möglichst klein-
gehalten werden. Deshalb lassen wir den
Schulbetrieb erst einmal weiterlaufen.
Das ist doch logisch.“
Im ersten Moment sieht Nick das auch so.
Alles easy. Aber als der Schulleiter sich
verabschiedet und einen schönen Abend
wünscht, sind wieder alle Zweifel da.
Deshalb steht sein Entschluss fest.
Er muss zur Polizei. Gleich morgen.
Allein schon wegen Jana.

# 8

„Gibt's einen neuen Virus, von dem ich nichts weiß?", fragt Herr Ollesch, der Englischlehrer, in der ersten Stunde. „Sommergrippe vielleicht?"
Einige in der Klasse können sich ein müdes Grinsen nicht verkneifen. Sie wissen Bescheid. Andere haben betont ernsthafte Gesichter. Sie wissen auch Bescheid, nur anders. Der Besuch der Polizei hat sich blitzschnell herumgesprochen. Und Utze hat sicher auch nicht dichtgehalten und seinen Kumpels von dem belauschten Gespräch erzählt. Sieben Plätze sind in der 9b frei geblieben.
Ollesch ist tief enttäuscht.
„Gerade für heute habe ich was Besonderes vorbereitet. Hat mich einige Mühe und ein paar Euros gekostet."
Mit einem Rest an Begeisterung zieht er vier englische Zeitungen aus seiner schmalen Ledertasche und hält sie in die Höhe: „The Times", „The Guardian", „Daily Mirror" und „The Sun". Er nimmt sie auseinander und verteilt die einzelnen Doppelblätter.

„Bevor ihr in die großen Ferien startet, könnt ihr testen, ob ihr englische Zeitungen lesen und auch verstehen könnt. Hab für euch ein paar Meldungen angekreuzt."
„Die sind ja schon drei Tage alt!", schallt es aus der rechten Ecke, aus der auch sonst am häufigsten Widerspruch kommt.
Ollesch erntet ein höhnisches Gelächter, was ihn zusätzlich nervt. Seine Stimme wird lauter.
„Leute, es spielt doch jetzt keine Rolle, wie alt die Blätter sind. Es ist ein Test. Zum Schluss werden wir untersuchen, auf welcher Sprachebene sich die Zeitungen bewegen."
Heftiges Rascheln von Papier, dann geht es los mit dem Vorlesen, Übersetzen und Nacherzählen. Die Mädchen schneiden mal wieder besser ab. Nur Tugba weigert sich, mitzumachen. Wie sie Ollesch und der Klasse erklärt, fährt sie in den Ferien jedes Mal in die Türkei. Niemals nach England oder Amerika.
„Für mich macht das keinen Sinn. Bisher bin ich nirgendwo sonst auf dieser Welt gewesen, und das wird sich auch nicht ändern."
An Nick rauscht das alles vorbei. In der Nacht hat er kaum geschlafen. Und am Morgen ist er dann zur Schule getrottet, nicht zur Polizei.

Er fühlte sich einfach nicht in der Lage dazu. Er weiß einfach nicht mehr, was im Fall Lorenz richtig und was falsch ist. Am liebsten wäre er im Bett geblieben. Aber zu Hause fürchtete er noch mehr Fragen als bisher schon.

Zum Schulbeginn, als alle in kleinen Grüppchen nach und nach in die Klassenräume strömten, gab es ein wüstes Gedränge vor den Eingangstüren. Nur eine der dunkelblauen Flügeltüren war geöffnet. Ein Lehrer und der Hausmeister standen dort und warfen kontrollierende Blicke auf die hereindrängenden Schüler. Und im Hintergrund hielten sich Männer auf, die nicht zur Schule gehörten.

Nick kniet sich jetzt voll rein in seine Aufgabe. Er hat einen Fußballbericht aus der „Sun“ erwischt.
Mitten beim Lesen wird plötzlich die Tür des Klassenzimmers aufgerissen. Frau Haupt erscheint. Sie wirkt aufgeregt. Sie geht auf Ollesch zu und redet leise auf ihn ein.

Seine Enttäuschung verwandelt sich in Wut. Er braucht ein paar Sekunden, um sich zu sammeln.
„Hört mal zu“, sagt er dann. „Es tut mir leid, wir müssen das Ganze leider unterbrechen.“
„Abbrechen“, korrigiert Frau Haupt.
Sie ergreift auch gleich die Gelegenheit, an seiner Stelle weiterzumachen. Ollesch gibt sich geschlagen und tritt zwei Schritte zurück. Die ersten Zeitungsseiten segeln zu Boden. Ein Gemurmel breitet sich aus.
„Die Presse streikt!“, ruft jemand und lacht.
„Na endlich! Eine Bombe im Lehrerzimmer!“
Und wieder wird gelacht.
„Also, nach Scherzen ist mir nicht zumute“, beginnt Frau Haupt, nachdem sie mehrmals tief eingeatmet hat. „Unerwartete Ereignisse zwingen die Schulleitung und das Kollegium, ungewöhnliche Maßnahmen zu ergreifen.“
In der Klasse ist es schlagartig still geworden. Es folgt eine lange Pause, in der die Blicke hin und her gehen.
„Aus Sicherheitsgründen brechen wir den Unterricht sofort ab. Das ist ein dringender Rat der Polizei. Ihr packt jetzt eure Sachen zusammen und verlasst das Schulgebäude.

Sofort und ohne Chaos. Morgen sehen wir uns wieder, und zwar zur gewohnten Zeit."

Immer noch ist es mucksmäuschenstill in der Klasse. Dann springen die ersten auf und beginnen, ihre Sachen wegzuräumen. Oliver und Nick sehen sich kurz an. Alles klar, es geht um diesen verdammten Lorenz. Die beiden Polizeiautos, die vor Unterrichtsbeginn rechts und links vor dem Schulgebäude standen, waren ein deutliches Signal.
„Was ist denn eigentlich passiert?", möchte jemand erfahren, aber die zaghaft gestellte Frage geht in der zunehmenden Unruhe unter.
„Bitte macht, was Frau Haupt sagt", mischt sich Herr Ollesch ein. „Ende für heute."
Jetzt bricht der Lärm los. Die Klasse ist im Nu leer. Herr Ollesch beeilt sich, rauszukommen und das Lehrerzimmer zu erreichen. Frau Haupt geht als Letzte und schließt den Klassenraum sorgfältig ab. Aus den anderen Klassenräumen dringt ebenfalls Lärm.
Auf den Fluren überschlagen sich die aufgeregten Stimmen der Schüler.

„Und nun?“, will Oliver wissen. „Ist doch kindisch, jetzt brav nach Hause zu schleichen. Oder?“
Nick ist unentschlossen. Vor der Schule gibt es eine riesige Ansammlung von Schülerinnen und Schülern. Sie überlegen lautstark, was passiert ist, wem man das Schulfrei zu verdanken hat und was man mit den Freistunden anfangen könnte.
Oliver macht sich Gedanken darüber, wieso die Schule nur für einen Tag geschlossen wird. Ist die Polizei dem Floh schon so dicht auf den Fersen?
Jetzt sind es schon drei Streifenwagen, die das Schulgebäude in langsamer Fahrt umkurven. Und wer weiß, wie viele Kriminalbeamte unterwegs sind.

„Ich halt das hier nicht aus“, gesteht Oliver. „Ich mach die Fliege. Kannst ja mitkommen.“ Er wirft seinen Rucksack über die Schulter und geht los. Es sieht so aus, als wollte er möglichst schnell irgendwo untertauchen.
Nick sieht ihm nach. Er bemerkt, dass der Hausmeister die Eingangstüren abschließt.

Utze klopft ihm auf die Schulter.
„He, komm mit. Wir treffen uns später im Café Creme. Die ganze Clique."
Nick will gar nicht wissen, welche Clique gemeint ist.
„Schätze, du steckst hinter dieser Gruselgeschichte", ergänzt Utze. „Sind gespannt, was du erzählst."
„Okay, ich komme nach", erwidert Nick mit wenig Schwung. „Nur einen Moment noch."
Allmählich leert sich der Schulhof.
Nick schultert seine Büchertasche und macht sich auf den Weg. Eine Zeitlang schlendert er hinter zwei Jungs her, die er aus der 5. Klasse kennt.
Irgendwann schreckt Nick auf und fragt sich, warum er den beiden gefolgt ist. Er dreht sich um und schlägt eine andere Richtung ein.

Nach einer Viertelstunde steht er vor Janas Schule. Auch hier sind alle Schüler auf den Schulhof geströmt. Aber das liegt an der großen Pause.
Er nimmt einen tiefen Schluck aus seiner Trinkflasche. Jana kann er nirgendwo

entdecken. Vielleicht ist auch sie zu Hause geblieben. Und bestimmt ist die Pause in wenigen Minuten zu Ende. Dann hat er sie plötzlich im Blick. Sie steht in einer Gruppe von Mädchen. Obwohl sie Nick erkannt haben müsste, reagiert sie nicht.

Es dauert eine Zeitlang, bis sie auf Nick zugeht und direkt vor ihm stehen bleibt. Sie legt gleich los: „Das alles hab ich dir zu verdanken!"

„Hallo Jana."

Schon wieder hat Nick einen so trockenen Hals, dass er nichts weiter herausbringt.

Er greift wieder zu seiner Wasserflasche.

Jana dagegen ist voll in Fahrt. Sie deutet hinter sich.

„Siehst du den Mann an dem Blumenkübel? Das ist kein Lehrer, das ist einer von der Kripo. Der passt auf mich auf."

Nick setzt seine Wasserflasche ab, ohne getrunken zu haben.

„Und außerdem bin ich auch noch mein schönes Handy losgeworden", giftet Jana. „Deswegen habe ich gestern eine coole Party verpasst. Vielen Dank, mein Lieber! "

Nick hustet und krächzt. Er muss sich zum Sprechen zwingen.

„Wieso denn? Jana, es tut mir leid. Wir haben …“
„Schon gut. Gleich behauptest du wieder, es ist alles nicht deine Schuld.“
„Genau! Stimmt doch. Was ist mit dem Handy?“
In dem Moment ertönt der Pausengong. Ende der großen Pause. Jana beeilt sich mit ihrer Erklärung.
„Polizei. Die brauchen mein Handy, um diesen Lorenz zu orten. Dann könnten sie ihn schnappen. Ich weiß nicht wie.“
„Woher wussten sie von der Drohung?“
„Dein Rektor hat sie angerufen. Und wer dem alles ausgeplaudert hat, wirst du wohl am besten wissen!“
„Hast du die Nachricht von Lorenz gespeichert? Seine Attacke?“
„Vor lauter Schreck weggedrückt. Okay, Nikolaus Thon, wir waren mal eng. Aber jetzt hör auf zu klammern.“
Damit wendet sich Jana dem Schulgebäude zu und rennt hinter ihren Freundinnen her.

# 9

Vor einer Viertelstunde hatten sie sich schon angekündigt. Jetzt sind die Bauchschmerzen echt. Nick spürt, wie sich alles in seinem Magen zusammenzieht, verklumpt. Wie ein Stein in der Mitte seines Körpers fühlt er sich an. Nick beugt sich nach vorn, um den Schmerz zu mildern. Aber das gelingt nicht. Der Stein in seinem Bauch nimmt sogar an Gewicht zu. Nick kommt kaum voran, aber er will auch nicht wie festgeklebt vor der Schule stehen bleiben. Allerdings, die Bauchschmerzen allein sind es nicht, was ihm so zusetzt. Ein Kilo Wut kommt hinzu. Wut auf diesen Idioten von Lorenz, mit dem Nick eigentlich gar nichts zu schaffen hat. Warum lässt der ihn nicht in Ruhe, dieser abartige Typ? Soll der doch seine Schau allein abziehen! Was bildet der sich ein? Macht alles kaputt und haut dann ab. Der Schwachkopf weiß doch gar nicht, was einem so eine Freundin wie Jana bedeutet.

Aber wenn er das tut, was er angekündigt hat? Wenn der uns plattmachen will?

Er schwitzt unter seinem T-Shirt. Verwundert bemerkt Nick, dass er schon eine lange Strecke zurückgelegt hat. Durch Straßen, die er sonst nicht benutzt.
Obwohl er sich so mies fühlt, ist er bis zum Stadtpark gelaufen. Er schaut sich um. Erdhügel, Baumaschinen, Container, zersägte Baumstämme, Paletten mit Pflastersteinen, Baubuden. Der Park wird umgestaltet. Aber es sind keine Arbeiter in Sicht.
Wegen des Umbaus kommen nur ein paar Spaziergänger vorbei. Männer mit vorschriftsmäßig angeleinten Hunden, eine Frau mit Kinderwagen. Ein Radfahrer schlängelt sich durch die Baustelle, an den Baumscheiben vorbei und quer über den Rasen. Er zieht seine Mütze ins Gesicht und schimpft laut vor sich hin. Er fährt genau auf Nick zu.
Die Bremsen an seinem Rad kreischen.
Nick springt zur Seite.
„Nikolaus Thon?“, fragt der Mann.
„Ja? Wieso?“
„Hau ab hier! Auf der Stelle! Los, verschwinde!“
Dann springt er wieder auf sein klappriges Damenrad und saust davon. Nick wagt nicht,

weiterzugehen. Was ist los? Noch so ein Durchgeknallter?
Der hat ja Recht. Egal, wer er ist und was er will. Es ist besser, umzukehren. Nach Hause zu gehen, sich ins Bett zu legen. Dieses Mal als wirklich Kranker.

Als er sich entschließt, loszugehen, spürt Nick eine leichte Berührung an seiner Schulter. Er wendet sich zur Seite, dreht sich um. Und erstarrt. Lorenz!
Sein Kopf ist verhüllt von einer schwarzen Kapuze. Die Schultern hängen nach vorn. Das Gesicht ist grau und verschmutzt.
„Na, du Klette? Wieder auf Schnüffeltour?"
Nick kann nicht antworten, so sehr steckt ihm der Schreck in den Gliedern. Seine Kehle ist wie zugeschnürt. Er tastet die ganze Person vor ihm mit seinen Blicken ab und weicht einen Schritt zurück. Gott sei Dank: Lorenz scheint nicht bewaffnet zu sein. Trotzdem möchte Nick die Augen schließen und sich wegdenken. Was hatte er vor ein paar Tagen geträumt? Sein Albtraum hat ihn eingeholt. Plötzlich ist die Angst so groß,

dass Nick sich abwendet und zu rennen beginnt.
Er will weg, weg von diesem unberechenbaren Jungen. Doch seine Beine sind schwer. Er kommt nicht richtig voran.
„Halt!“
Lorenz hat ihn nach ein paar Schritten erreicht. Er packt ihn, hält ihn am T-Shirt fest.
„Lass mich! Ich schreie!“, keucht Nick.
Seine Tasche ist ihm von der Schulter gerutscht. Er kann sie gerade noch schnappen. Nick schiebt sie wie einen Schutzschild vor seinen Körper.
„Mach hier kein Theater“, zischt ihm Lorenz zu und zieht ihn mit sich. „Ist doch klar, warum du hier aufläufst.“
Lorenz hustet. Er schiebt Nick vor sich her, zu den Baubuden. Nick wundert sich über die Kräfte, die der schmächtige Lorenz plötzlich bekommen hat. Der lässt nicht los. Er zieht ihn zu einem freien Stück zwischen zwei Bauwagen und drückt ihn gegen eine Wand. Seine Lippen sind zu einem schmalen Strich zusammengepresst.
„Lass mich los“, jammert Nick. „Lass mich doch bitte gehen. Bitte.“

„Du sagst mir erst einmal, was bisher gelaufen ist“, bestimmt Lorenz.
„Ich hab keine Ahnung.“
„Lügner! Ich werde euch alle zur Verantwortung ziehen! Alle!“
Er hat seinen Griff etwas gelockert. Nick nimmt allen Mut zusammen, in der Hoffnung, ihn beruhigen zu können.
„Mensch Lorenz, gib auf. Du, mach Schluss mit dem Unfug, bevor alles zu spät ist.“
Lorenz grinst und drückt Nick, der sich ein wenig befreit hat, wieder gegen die Wand.
„Für euch ist es zu spät, nicht für mich. Ich habe ein Ziel, einen klaren Auftrag.“
Mit einem Mal reißt Lorenz Nick herum.
Mit einem Fußtritt stößt er die Tür an dem Bauwagen auf.
„Rein mit dir!“
„Nein! Nicht! Lass mich!“, schreit Nick.
Er stemmt sich mit einem Fuß gegen den Türrahmen. Seine Tasche klatscht zu Boden.
Bücher fliegen auf die Erde.
Beide keuchen heftig und krallen sich aneinander. Sie starren sich an wie Ringkämpfer, die auf den nächsten Angriff warten.
Nick streckt einen Arm aus.

Er will sich nach seinen Büchern bücken. „Die brauchst du nicht mehr", krächzt Lorenz. „Genug damit! Die helfen dir auch nicht weiter!"
Er greift in seine Jackentasche. Aber er muss wieder husten und lässt seine Hand sinken. Mit einer Schulter drückt er Nick gegen den Türrahmen. Wieder greift er in seine Jacke. Plötzlich hat er eine schwarze Pistole in der Hand. Noch zeigt die Mündung in den Himmel. Mit einem Mal erscheint so etwas wie Stolz auf dem Gesicht von Lorenz. Stolz und Härte. Entschlossenheit.
„Ihr werdet immer an mich denken. Jahrelang."
„Lorenz!"
Alles, was Nick denken und fühlen kann, hat etwas mit diesem Ding zu tun, mit diesem hässlichen Ding von Pistole.
„Schrei ruhig. Jetzt bist du dran. Und dann, dann die anderen. In dieser verdammten Schule."
In seiner anderen Hand taucht ein Handy auf, mit dem Lorenz mehrere Fotos von sich und von Nick macht.
„Das ist für die Nachwelt", sagt er ganz ruhig.

„Die Bilder werden um die Welt gehen.“
Nick ist am Ende. Er wünscht sich, losheulen zu können. Aber auch das gelingt ihm nicht. Er meint, sein Kopf müsse im nächsten Augenblick zerspringen. Er fühlt, wie es in ihm pumpt und pocht. Verzweifelt wirft er Blicke nach links und rechts. Da ist niemand. Doch, ein Bauarbeiter nähert sich mit einer leeren Schubkarre. Ihm folgt ein Mann, der einen kleinen Buchsbaum schleppt. Der Mann mit der Schubkarre wirft einen kurzen Blick herüber und nickt jemandem zu.
„Floh, bitte! Lass den Scheiß!“
Seine Ohren registrieren, dass seine Stimme anders klingt als sonst. Ganz ungewohnt schrill, panisch. Nicks Knie knicken ein.
Er lässt sich zur Seite kippen.
Aus und vorbei, keine Chance, zu entkommen.
Im gleichen Moment bricht das Chaos aus.
Zack! Ein gewaltiger Blitz. Geschrei.
Polizisten in dunkelblauen Einsatzanzügen.
Zwei stürzen sich auf Lorenz und drücken ihn zu Boden. Nick prallt erneut gegen die Wand der Baubude. Er schreit auf. Er ist umzingelt, Mittelpunkt einer schwer bewaffneten Polizeitruppe.

Alles läuft blitzschnell ab. Schneller als in einem Film. Von zwei Seiten rasen Polizeiautos heran, aus denen weitere Uniformierte springen.
Bevor Nick sich versieht, ist der Spuk vorbei. Er ist in Sicherheit!

# 10

„Junge, alles in Ordnung mit dir? Wir fahren dich erst mal nach Hause."
Nick findet sich auf dem Rücksitz eines Streifenwagens wieder. Am liebsten würde er sich so klein wie ein Fußball machen. Endlich losheulen. Eine Polizistin hat sich neben ihn auf den Sitz geschoben. Sie sieht ihn aufmunternd an. Einen Arm hat sie auf Nicks Tasche gelegt. Jemand hat sich um ihn gekümmert und auch seine Bücher und Hefte eingesammelt.
„Einverstanden? Du hast ja nur eine kleine Platzwunde abgekriegt. Oder sollen wir einen Krankenwagen für dich rufen?"
„Nach Hause, bitte."
Mehr kriegt Nick nicht heraus. Jetzt ist ihm sowieso alles egal. Er sitzt in einem sicheren Auto, neben einer freundlichen Polizeibeamtin. Er ist in sicheren Händen. Gerettet. Er hat es überstanden, ohne viel Blut, mit einer kleinen Verletzung. Jetzt ist er auf der richtigen Seite. Es ist vorbei mit der Angst. Endlich.
Sie fahren los, auf eine Platanenallee zu.

Die schnurgerade Straße und das grüne Blätterdach kommen Nick wie das wahre Paradies vor.
Er betastet seinen Kopf. Ein Verband zieht sich über die Stirn und den Hinterkopf. Als die Polizei zugriff, war er ein zweites Mal gegen die Wand einer Baubude geknallt.
„In den nächsten Tagen musst du zur Vernehmung erscheinen", erklärt der Polizist am Steuer, nachdem er sich bei seiner Zentrale gemeldet hat. „Mit deinen Eltern."
„Warum bist du hierhergekommen?", will die Polizistin danach wissen. „Warum erscheinst du ausgerechnet hier im Park?"
„Keine Ahnung. Purer Zufall."
„Und warum bist du trotz unserer Warnung nicht weggelaufen?" fragt die Beamtin.
Nick stutzt.
„Welche Warnung?"
„Na, der Radfahrer, der dich angesprochen hat, war ein Kollege von uns. Hast du das nicht bemerkt?"
Nick schüttelt vorsichtig den Kopf. Er will jetzt keine Fragen mehr beantworten.
Aber die Frau mit den kurzen dunklen Haaren lässt ihn nicht in Ruhe.

„Kurz vorher hatten wir Lorenz hier im Parkgelände geortet und uns gerade zum Zugriff entschlossen. Ohne großes Aufsehen. Und dann tauchst du plötzlich auf.“
„Tut mir leid, ich wusste doch von nichts!“
Nicks Antwort hört sich wie ein Aufschrei an.
„Ist schon okay. Es ist ja gutgegangen. Zugriff in letzter Sekunde. Wir mussten davon ausgehen, dass diese Schießbudenfigur bewaffnet ist. Und wir hatten leider recht.“
Nick sieht die Polizistin kurz an. Schießbudenfigur! Er kann nicht verstehen, dass diese Frau so gelassen ist. Seine Hände und Knie zittern. Das ging richtig los, als schon alles vorbei war. Er bekam aber noch mit, dass Lorenz ihn als „Verräter“ anschrie und dann in ein Auto gezerrt wurde.
„Immerhin konnte er vom Schlimmsten abgehalten werden“, erklärt die Polizistin.
„Auch mit deiner Hilfe.“
Was als Lob gemeint ist, löst bei Nick nur wenig Freude aus.
„Was geschieht denn jetzt mit Lorenz?“, fragt er stattdessen.
„Na ja, so schnell wie du ist der nicht wieder zu Hause“, erklärt die Beamtin lächelnd.

„Und mit der Schule ist es erst mal aus und vorbei."
Ihr Kollege, der an einer Ampel halten muss, dreht sich zu Nick um.
„Vernehmung und dann ab in die Zelle", sagt er.
„Das war kein Kinderspiel. Nicht für ihn und nicht für uns", erläutert die Polizistin. „Er muss mit einem Prozess rechnen."
„Und mit einer Verurteilung", ergänzt der Fahrer. Trotz seines Alters wirkt er noch ziemlich sportlich. „Da kommt einiges auf ihn zu. Wir haben unsere Arbeit gemacht. Aber glaubst du, sie ist damit wirklich zu Ende?"
„Vor dem Prozess gibt's natürlich eine psychologische Untersuchung", erklärt die Polizistin. „Und vielleicht eine Therapie …"
Mensch, Lorenz! Nick zweifelt an seinem Verstand, denn bei ihm stellt sich wieder so was wie Mitleid ein. Obwohl ihn der Kerl erledigen wollte.

„Halt!" Nick hat sich in seinem Sicherheitsgurt aufgebäumt und ist auf seinem Sitz nach vorn gerutscht.

„Bitte halten Sie. Nur einen Moment!"
Der Polizist am Steuer tritt auf die Bremse.
Er steuert auf den Straßenrand zu.
„Was ist los? Ist dir schlecht?"
Nick deutet auf den Gehweg.
„Kann ich mal eben raus? Da ist jemand, mit dem ich sprechen muss. Unbedingt. Bitte!"
„Das darf doch nicht wahr sein!", entfährt es dem Fahrer. Er dreht sich wütend zu seiner Kollegin um.
„Zwei kurze Minuten, Frank", sagt die Polizistin und wirft einen Blick nach rechts.
„Drei Minuten höchstens."

Nick steigt langsam aus. Er möchte sich nicht noch einmal seinen Kopf stoßen. Er muss ein gutes Stück zurücklaufen.
„Jana!"
Das Mädchen bleibt wie vom Blitz getroffen stehen.
„Nick, du? Oh, was ist passiert?"
Das Eis, an dem Jana gerade noch genussvoll gelutscht hat, fällt ihr aus der Hand.
„Eine Menge. Aber es ist vorbei.
Die Polizei … "

„Du bist verletzt, Nick! Dein Kopf!“
„Nur ein blöder Kratzer.“
Jana geht auf ihn zu und nimmt ihn in den Arm. Sie drückt ihn an sich. Ganz behutsam fährt sie dann mit zwei Fingern über die Stelle an Nicks Stirn, wo sich in dem Kopfverband ein kleiner Blutfleck zeigt.
„Mensch, Nick, das tut mir leid. Das ist ja alles nur passiert, weil du mir bei meinem Referat geholfen hast. Und jetzt wollte ich …“
„Ist schon okay. Und der Lorenz, der ist auch in Sicherheit.“
Jana deutet auf den Streifenwagen.
„Soll ich mitfahren? Dich begleiten?“
„Nein, nein, geht schon. Danke, Jana.“
Jetzt ist es Nick, der Jana mit beiden Armen an sich drückt. Er hält sie so lange fest, bis das Blaulicht auf dem Dach des Streifenwagens kurz aufblinkt.
„Ja, ja, ja!“
Mit betont langsamen Schritten geht Nick auf das Polizeiauto zu.
Janas Nähe gibt ihm Kraft. Bevor er vorsichtig einsteigt, wirft er ihr einen langen Blick zu. Dann erst schließt er die Autotür.
„Danke!“

„Nun gehst du bestimmt mit einem besseren Gefühl zur Schule, oder?“, fragt die Polizistin später und reißt ihn aus seinen Gedanken. „Weiß nicht“, sagt Nick beim Aussteigen. „Jetzt kommen ja erst mal die Ferien.“
So eine dämliche Frage, denkt er, als er neben dem Polizeiauto steht. Er hatte die ganze Zeit über nur an Jana gedacht.